Klausurtraining

Friedrich Schiller

# Kabale und Liebe

Von Stefan Schäfer

Ernst Klett Verlag
Stuttgart · Leipzig

Zitate im Text beziehen sich auf folgende Ausgabe:
Friedrich Schiller: Kabale und Liebe
Text mit Materialien.
Ausgewählt von Wolfgang Pasche.
Klett Editionen für den Literaturunterricht.
Ernst Klett Verlag, Stuttgart/Leipzig 2011.
ISBN 978-3-12-352469-1

**1. Auflage** 1 5 4 3 2 1 | 16 15 14 13 12

Alle Drucke dieser Auflage sind unverändert und können im Unterricht nebeneinander benutzt werden.
Die letzte Zahl bezeichnet das Jahr dieses Druckes.


**Redaktion:** Ursula Schwarz
**Herstellung:** Carina Riehl
**Layoutkonzeption:** Kai Twelbeck, Stuttgart
**Umschlaggestaltung:** Projektteam des Verlages auf Grundlage der Gestaltungskonzeption Petra Michel, Bamberg
**Umschlagsgrafik:** einzigwahres – Anika Marquardsen, Berlin
**Satz:** Marion Rackwitz, Paulinenaue
**Reproduktion:** Meyle + Müller Medien-Management, Pforzheim
**Druck:** AZ Druck und Datentechnik GmbH, Kempten/Allgäu

Printed in Germany
ISBN 978-3-12-352474-5

9 783123 524745

Liebe Schülerinnen und Schüler,

das vorliegende Heft bietet ein Intensivprogramm für alle, die sich schnell, aber gründlich auf eine Klausur zu Friedrich Schillers „Kabale und Liebe" vorbereiten möchten – sei es nun eine Klausur im laufenden Schuljahr oder die Abiturprüfung.
Im Unterschied zu anderen Übungsheften konzentriert sich das Klausurtraining auf eines der obligatorischen Themen des nordrhein-westfälischen Zentralabiturs und trainiert anhand von Schillers Stück drei mögliche Aufgabentypen, die im Abitur des Landes Nordrhein-Westfalen vorkommen können:

- die vergleichende Analyse von literarischen Texten
- die Analyse eines literarischen Textes mit weiterführendem Schreibauftrag
- die Analyse eines Sachtextes mit weiterführendem Schreibauftrag

Das Heft ist in drei Teile gegliedert:

**Teil I: Klausurtraining (S. 4)**
Die drei Aufgabentypen werden schrittweise und systematisch anhand einer Beispielklausur erarbeitet. Jeder Durchgang durch eine Klausur ist in sich abgeschlossen und kann gesondert durchlaufen werden. Am Ende steht jeweils eine Musterklausur.
Die Erarbeitung der drei Klausuren erfolgt in sechs Arbeitsschritten, die sich – je nach Aufgabenart – geringfügig unterscheiden. Mögliche Arbeitsergebnisse der einzelnen Arbeitsschritte und ihrer Teilschritte erscheinen im Heft farbig unterlegt – als Hinweis für Sie, wie Ihre Aufzeichnungen und Notizen aussehen könnten.

**Teil II: Analyse/Interpretation (S. 32)**
Dieser Teil enthält eine knappe, auf die wesentlichen Gesichtspunkte konzentrierte Analyse des Stücks. Sie ist systematisch nach den Aspekten gegliedert, die für die Erschließung dramatischer Texte von Bedeutung sind. Hier können Sie Ihre Kenntnisse des Stücks auffrischen und sich noch einmal über die Analyseergebnisse informieren, die für die Bearbeitung von (Abitur-)Klausuren unentbehrlich sind.
Am Ende eines jeden größeren Abschnittes sind die wichtigsten Inhalte zusammengefasst – ideal zum raschen Wiederholen.

**Teil III: Zum Umgang mit dramatischen Texten (S. 43)**
Die letzten Seiten sind zum Heraustrennen und Falten gedacht – für das Lernen unterwegs. Hier können Sie einmal die bei Klausuren geforderten Basiskompetenzen, das Wichtigste zu „Kabale und Liebe" in aller Kürze sowie die nötigen Grundbegriffe der Dramentextanalyse nachschlagen.

Zum Schluss wünschen wir Ihnen gutes Gelingen bei der Arbeit mit diesem Heft sowie bei Ihren Klausuren und in der Abiturprüfung viel Erfolg!

# Musterklausur 1

## Gotthold Ephraim Lessing: Emilia Galotti, Zweiter Aufzug, Vierter Auftritt (1772; Auszug)

*In Lessings bürgerlichem Trauerspiel „Emilia Galotti" hat sich der junge italienische Prinz von Guastalla in das bürgerliche Mädchen Emilia Galotti verliebt. Emilia ist mit dem Grafen Appiani verlobt. Die Eltern Odoardo und Claudia unterhalten sich über die bevorstehende Hochzeit und die Aufmerksamkeiten, die der Prinz Emilia erweist.*

*Odoardo und Claudia Galotti. Pirro.*

**Odoardo** Sie bleibt mir zu lang aus –

**Claudia** Noch einen Augenblick, Odoardo! Es würde sie schmerzen, deines Anblicks so zu verfehlen.

**Odoardo** Ich muss auch bei dem Grafen noch einsprechen. Kaum kann ichs erwarten, diesen würdigen jungen Mann meinen Sohn zu nennen. Alles entzückt mich an ihm. Und vor allem der Entschluss, in seinen väterlichen Tälern sich selbst zu leben.

**Claudia** Das Herz bricht mir, wenn ich hieran gedenke. – So ganz sollen wir sie verlieren, diese einzige geliebte Tochter?

**Odoardo** Was nennst du, sie verlieren? Sie in den Armen der Liebe zu wissen? Vermenge dein Vergnügen an ihr, nicht mit ihrem Glücke. – Du möchtest meinen alten Argwohn erneuern: – dass es mehr das Geräusch und die Zerstreuung der Welt, mehr die Nähe des Hofes war, als die Notwendigkeit, unserer Tochter eine anständige Erziehung zu geben, was dich bewog, hier in der Stadt mit ihr zu bleiben; – fern von einem Manne und Vater, der euch so herzlich liebet.

**Claudia** Wie ungerecht, Odoardo! Aber lass mich heute nur ein einziges Wort für diese Stadt, für diese Nähe des Hofes sprechen, die deiner strengen Tugend so verhasst sind. – Hier, nur hier konnte die Liebe zusammenbringen, was füreinander geschaffen war. Hier nur konnte der Graf Emilien finden; und fand sie.

**Odoardo** Das räum ich ein. Aber, gute Claudia, hattest du darum Recht, weil dir der Ausgang Recht gibt? – Gut, dass es mit dieser Stadterziehung so abgelaufen! Lasst uns nicht weise sein wollen, wo wir nichts, als glücklich gewesen! Gut, dass es so damit abgelaufen! – Nun haben sie sich gefunden, die füreinander bestimmt waren: nun lass sie ziehen, wohin Unschuld und Ruhe sie rufen. – Was sollte der Graf hier? Sich bücken, schmeicheln und kriechen, und die Marinellis[1] auszustechen suchen? um endlich ein Glück zu machen, dessen er nicht bedarf? um endlich einer Ehre gewürdiget zu werden, die für ihn keine wäre? […] – Warum soll der Graf hier dienen, wenn er dort selbst befehlen kann? – Dazu bedenkst du nicht, Claudia, dass durch unsere Tochter er es vollends mit dem Prinzen verderbt. Der Prinz hasst mich –

**Claudia** Vielleicht weniger, als du besorgest.

**Odoardo** Besorgest! Ich besorg auch so was!

**Claudia** Denn hab ich dir schon gesagt, dass der Prinz unsere Tochter gesehen hat?

**Odoardo** Der Prinz? Und wo das?

**Claudia** In der letzten Vegghia[2], bei dem Kanzler Grimaldi, die er mit seiner Gegenwart beehrte. Er bezeigte sich gegen sie so gnädig – –

**Odoardo** So gnädig?

**Claudia** Er unterhielt sich mit ihr so lange – –

**Odoardo** Unterhielt sich mit ihr?

**Claudia** Schien von ihrer Munterkeit und ihrem Witze so bezaubert – –

**Odoardo** So bezaubert? –

**Claudia** Hat von ihrer Schönheit mit so vielen Lobeserhebungen gesprochen – –

**Odoardo** Lobeserhebungen? Und das alles erzählst du mir in einem Tone der Entzückung? O Claudia! eitle, törichte Mutter!

**Claudia** Wieso?

**Odoardo** Nun gut, nun gut! Auch das ist so abgelaufen. – Ha! wenn ich mir einbilde – Das gerade wäre der Ort, wo ich am tödlichsten zu verwunden bin! – Ein Wollüstling, der bewundert, begehrt. – Claudia! Claudia! der bloße Gedanke setzt mich in Wut. – Du hättest mir das sogleich sollen gemeldet haben. – Doch, ich möchte dir heute nicht gern etwas Unangenehmes sagen. Und ich würde *indem sie ihn bei der Hand ergreift,* wenn ich länger bliebe. [...]

**Aus:** Gotthold Ephraim Lessing, *Emilia Galotti*, Editionen für den Literaturunterricht, Ernst Klett Verlag, Stuttgart/Leipzig 2002, S. 21 ff.

**Worterklärungen:** 1 Marinelli ist der Kammerherr des Prinzen; gemeint sind hier allgemein die Höflinge; 2 Abendgesellschaft

## Friedrich Schiller: Kabale und Liebe, Erster Akt, Erste Szene (1784; Auszug)

*Zimmer beim Musikus.*
*Miller steht eben vom Sessel auf, und stellt seine Violoncell auf die Seite. An einem Tisch sitzt Frau Miller noch im Nachtgewand, und trinkt ihren Kaffee.*

**Miller** *schnell auf und ab gehend* Einmal für allemal. Der Handel wird ernsthaft. Meine Tochter kommt mit dem Baron ins Geschrei. Mein Haus wird verrufen. Der Präsident bekommt Wind, und – kurz und gut, ich biete dem Junker aus.

**Frau** Du hast ihn nicht in dein Haus geschwatzt – hast ihm deine Tochter nicht nachgeworfen.

**Miller** Hab ihn nicht in mein Haus geschwatzt – hab ihms Mädel nicht nachgeworfen; wer nimmt Notiz davon? – Ich war Herr im Haus. Ich hätt meine Tochter mehr koram nehmen sollen. Ich hätt dem Major besser auftrumpfen sollen – oder hätt gleich alles Seiner Exzellenz dem Herrn Papa stecken sollen. Der junge Baron bringts mit einem Wischer hinaus, das muss ich wissen, und alles Wetter kommt über den Geiger.

**Frau** *schlürft eine Tasse aus* Possen! Geschwätz! Was kann über dich kommen? Wer kann dir was anhaben? Du gehst deiner Profession nach [...].

**Miller** Aber, sag mir doch, was wird bei dem ganzen Kommerz auch herauskommen? – Nehmen kann er das Mädel nicht – Vom Nehmen ist gar die Rede nicht, und zu einer dass Gott erbarm? – Guten Morgen! – Gelt, wenn so ein Musje von sich da und dort, und dort und hier schon herumbeholfen hat, wenn er, der Henker weiß als was? gelöst hat, schmeckts meinem guten Schlucker freilich, einmal auf süß Wasser zu graben. Gib du Acht! gib du Acht! und wenn du aus jedem Astloch ein Auge strecktest, und vor jedem Blutstropfen Schildwache ständest, er wird sie, dir auf der Nase, beschwatzen, dem Mädel eins hinsetzen, und führt sich ab, und das Mädel ist verschimpfiert auf ihr Leben lang, bleibt sitzen, oder hats Handwerk verschmeckt, treibts fort. *Die Faust vor die Stirn.* Jesus Christus!

**Frau** Gott behüt uns in Gnaden.

**Miller** Es hat sich zu behüten. Worauf kann so ein Windfuß wohl sonst sein Ansehen richten! – Das Mädel ist schön – schlank – führt seinen netten Fuß. Unterm Dach mags aussehen, wies will. Darüber kuckt man bei euch Weibsleuten weg, wenns nur der liebe Gott parterre nicht hat fehlen lassen – [...]

**Frau** Solltest nur die wunderhübschen Billetter auch lesen, die der gnädige Herr an deine Tochter als schreiben tut. Guter Gott! Da sieht mans ja sonnenklar, wie es ihm pur um ihre schöne Seele zu tun ist.

**Miller** Das ist die Höhe. Auf den Sack schlagt man; den Esel meint man. Wer einen Gruß an das liebe Fleisch zu bestellen hat, darf nur das gute Herz Boten gehen lassen. [...]

**Frau** Sieh doch nur erst die prächtigen Bücher an, die der Herr Major ins Haus geschafft haben. Deine Tochter betet auch immer draus.

**Miller** *pfeift* Hui da! Betet! Du hast den Witz davon. [...] Da saugt mir das Mädel – weiß Gott was als für? – überhimmlische Alfanzereien ein, das läuft dann wie spanische Mucken ins Blut und wirft mir die Handvoll Christentum noch gar auseinander, die der Vater mit knapper

Not so so noch zusammenhielt. Ins Feuer sag ich. Das Mädel setzt sich alles Teufelsgezeug in den Kopf; über all dem Herumschwänzen in der Schlaraffenwelt findets zuletzt seine Heimat nicht mehr, vergisst, schämt sich, dass sein Vater Miller der Geiger ist, und verschlägt mir am End einen wackern ehrbaren Schwiegersohn, der sich so warm in meine Kundschaft hineingesetzt hätte – – Nein! Gott verdamm mich. *Er springt auf, hitzig.* Gleich muss die Pastete auf den Herd, und dem Major – ja ja, dem Major will ich weisen, wo Meister Zimmermann das Loch gemacht hat. *Er will fort.*

**Frau** Sei artig, Miller. Wie manchen schönen Groschen haben uns nur die Präsenter – –

**Miller** *kommt zurück und bleibt vor ihr stehen.* Das Blutgeld meiner Tochter? – Schier dich zum Satan, infame Kupplerin! – Eh will ich mit meiner Geig auf den Bettel herumziehen, und das Konzert um was Warmes geben – eh will ich mein Violoncello zerschlagen, und Mist im Sonanzboden führen, eh ich mirs schmecken lass von dem Geld, das mein einziges Kind mit Seel und Seligkeit abverdient. [...]

**Frau** Nur nicht gleich mit der Tür ins Haus. Wie du doch den Augenblick in Feuer und Flammen stehst! Ich sprech ja nur, man müss den Herrn Major nicht disguschtüren, weil Sie des Präsidenten Sohn sind.

**Miller** Da liegt der Has im Pfeffer. Darum, just eben darum, muss die Sach noch heut auseinander. Der Präsident muss es mir Dank wissen, wenn er ein rechtschaffener Vater ist. Du wirst mir meinen roten plüschenen Rock ausbürsten, und ich werde mich bei seiner Exzellenz anmelden lassen. Ich werde sprechen zu Seiner Exzellenz: Dero Herr Sohn haben ein Aug auf meine Tochter; meine Tochter ist zu schlecht zu Dero Herrn Sohnes Frau, aber zu Dero Herrn Sohnes Hure ist meine Tochter zu kostbar, und damit basta! – Ich heiße *Miller*.

**Aus:** Friedrich Schiller, *Kabale und Liebe*, Editionen für den Literaturunterricht, Ernst Klett Verlag, Stuttgart/Leipzig 2011, S. 4 ff.

---

**Aufgabenstellung**

1. Analysieren Sie vergleichend die beiden Dramenauszüge.
2. Beurteilen Sie vor dem Hintergrund Ihrer Kenntnis des Stückes „Kabale und Liebe" die Rolle von Vater Miller im dramatischen Konflikt.

**1. Erstes Überfliegen des Textes – Aufgabenstellung erfassen** → **2.** → **3.** → **4.** → **5.** → **6.**

Überfliegen Sie die beiden Dramentextauszüge, und verschaffen Sie sich einen ersten Eindruck.

| | | |
|---|---|---|
| Wer spricht | ► | Haupt- und Nebenfiguren |
| in welcher Situation | ► | Ort und Zeit der Handlung |
| warum | ► | Kontext der Szene |
| worüber | ► | Themen |
| wozu | ► | Handlungsziel der Figuren |

Formulieren Sie eine oder mehrere Verstehenshypothesen zu den beiden Texten.

**Zu „Emilia Galotti":** Deutlich wird die Abneigung Odoardos gegenüber dem Hof im Allgemeinen und dem Prinzen im Besonderen. Er befürchtet, dass es zu einer engeren Beziehung zwischen dem Prinzen und seiner Tochter Emilia kommen könnte.

**Zu „Kabale und Liebe":** Miller möchte die Beziehung zwischen seiner Tochter und dem Sohn des Präsidenten beenden und zu diesem Zweck mit dem Präsidenten selbst sprechen. Anders als seine Frau glaubt er nicht an die Möglichkeit einer ernsthaften Beziehung zwischen Luise und Ferdinand.

Lesen Sie nun die Aufgabenstellung genau durch. Achten Sie dabei vor allem auf die Arbeitsanweisungen (Operatoren).

Die vorliegende Aufgabe gehört zur **Aufgabenart II**, und zwar hier **Typ C**, der so definiert ist: *vergleichende Analyse von literarischen Texten*. Das heißt, zwei Textauszüge sind zu analysieren.
**Der ersten Teilaufgabe** liegt der übergeordnete Operator „analysieren" (Texterfassung, Textbeschreibung und Textdeutung) zugrunde. Was dieser verlangt, ist bei Dramenauszügen vor allem über die Handlung bzw. den Konflikt und die Figuren zu erschließen. Zudem muss bei einer Analyse immer auch die Sprache untersucht sowie der vorliegende Textauszug in den Kontext des ganzen Stückes und dessen historische Bedingungen gestellt werden. Bei einem Analyseauftrag ohne genaue Schwerpunktsetzung geht es in erster Linie um eine sinnvolle, argumentativ überzeugende und in sich abgerundete Darstellung, weniger um Vollständigkeit der Analyse. Der Operator „vergleichen" verlangt, die selbst gewählten Vergleichsschwerpunkte zu beiden Texten in den Blick zu nehmen, um Gemeinsamkeiten, Unterschiede, Ähnlichkeiten, Abweichungen oder Gegensätze ermitteln zu können. Beim Vergleich der beiden Texte können Sie unterschiedlich vorgehen.

**Unterschiedliche methodische Verfahren beim Vergleich**

**1. Verfahren:**
**Analyse des ersten, danach des zweiten Textes, abschließend Textvergleich unter bestimmten Schwerpunkten (sehr zeitaufwändig, weil es im Textvergleich zu Wiederholungen kommen kann).**

**2. Verfahren** *(kommt hier zur Anwendung)*:
**Analyse des ersten Textes, danach auf der Grundlage der Analyseergebnisse vergleichende Bezüge zum zweiten Text herstellen (zeitökonomisch sinnvoll, weil es zu einer systematischen Darstellung führt; wichtig ist, dass man sich schon bei der Analyse des ersten Textes auf Schwerpunkte konzentriert, die für den eigentlichen Vergleich relevant sind).**

**3. Verfahren:**
**Einzelne Vergleichsaspekte werden an beiden Texten aufgezeigt und miteinander verglichen; am Ende steht eine Zusammenfassung der Vergleichsaspekte (das Verfahren birgt die Gefahr, sich in Vergleichsaspekten zu verzetteln, und die Übersicht, auch in der Darstellung, zu verlieren).**

**Die zweite Teilaufgabe** baut auf den Analyseergebnissen der ersten Teilaufgabe auf. Der Operator „beurteilen" verlangt, bei einer Fragestellung mit Bezug auf Fachwissen und -kenntnis zu einem selbstständigen, begründeten Sachurteil zu gelangen.

Die vorliegende Aufgabe (Vergleich von Dramenauszügen) ist so gestaltet, dass Sie mit der Analyse des Ihnen **unbekannten** Dramenauszugs beginnen, um diesen mit dem Ihnen **bekannten** Auszug zu vergleichen. Dieses Vorgehen ist im Abitur üblich.
In der **Gewichtung** ist die erste Teilaufgabe etwas bedeutender als die zweite (etwa drei Fünftel zu zwei Fünftel). Im Abitur würde das über die Punktzahl, die hinter den einzelnen Teilaufgaben steht, deutlich.

1. → **2. Text aspektorientiert erschließen** → 3. → 4. → 5. → 6.

### Teilschritt: Inhalt sichern (→ 1. Teilaufgabe)

Lesen Sie den Auszug aus „Emilia Galotti“ mehrfach durch, und gliedern Sie ihn in Sinnabschnitte.

- Eine Inhaltsübersicht erleichtert nicht nur den Zugang zum Text, da wichtige Handlungsschritte erfasst werden, sondern hilft auch beim Verständnis der Gesprächsstruktur.
- Sie dient der schnellen Orientierung.
- Sie hilft beim späteren Schreiben, da sie bereits Formulierungen enthält, die wieder aufgenommen und verknüpft werden können.

1. Abschnitt (Z. 1–9): Odoardo kann nicht länger auf Emilia warten, da er noch mit seinem künftigen Schwiegersohn sprechen will. Während Odoardo sich freut, dass der Graf „in seinen väterlichen Tälern“ leben möchte, hat Claudia Sorge, ihre Tochter bald zu „verlieren“.
2. Abschnitt (Z. 10–30): Odoardo verdächtigt Claudia, weniger der Erziehung Emilias wegen als vielmehr zur eigenen Zerstreuung die Nähe des Hofs gesucht zu haben. Claudia entgegnet zwar, dass erst die Nähe zum Hof den Grafen und Emilia zusammengebracht hat, Odoardo aber bleibt misstrauisch gegenüber dem Hofe.
3. Abschnitt (Z. 31–40): Um Odoardo zu beruhigen, erzählt Claudia ihm, dass der Prinz Emilia nicht nur gesehen, sondern von ihr sehr angetan war.
4. Abschnitt (Z. 41–48): Odoardo ist ärgerlich. Er wirft Claudia Naivität vor. Weil er sie nicht weiter tadeln möchte, entschließt er sich zu gehen.

### Teilschritt: Dialog untersuchen (→ 1. Teilaufgabe)

Analysieren Sie den Dialog der beiden Hauptfiguren im vorliegenden Textausschnitt. Achten Sie dabei auf folgende Gesichtspunkte. Arbeiten Sie sorgfältig am Text, und machen Sie sich Notizen zu Ihren Untersuchungsergebnissen.

**Aspekte der Dialoganalyse**

- Inhalt bzw. Handlung und Themen
- Situation: Ort, Zeit, vorausgehende Handlung, Folgen für die weitere Handlung
- Gesprächsstruktur: Redeanteile der Dialogpartner und deren Veränderungen
- Gesprächsverhalten: Absichten der Dialogpartner, Gesprächssteuerung (Initiative, Dominanz, Konfliktverhalten, …), Sprechhaltung (sachlich, emotional, …), nonverbale Kommunikation
- Gesprächstyp: Interview, Enthüllungsgespräch, Einschüchterungsgespräch, …
- Sprache: Sprachstil (umgangssprachlich, gehoben, geschlechtsspezifisch, …), rhetorische Figuren, Sprachhandlungen (bitten, befehlen, drohen, …)
- Figuren und Figurenkonstellation: Figurencharakteristik, Beziehung der Figuren

***Situation***
- Odoardo ist in Eile und will gehen.
- Emilia ist verlobt, was Odoardo uneingeschränkt begrüßt, Claudia aber nur mit Vorbehalten.

- Odoardo und Claudia bewerten alle Aspekte der Situation unterschiedlich: a) den Aufenthalt der Familie in der Stadt; b) die Beziehung Odoardos zum Prinzen; c) die Begegnung des Prinzen mit Emilia.

***Gesprächsverhalten***
- Odoardo reagiert über weite Teile nur auf Claudias Äußerungen: Zunächst möchte Claudia nicht, dass Odoardo geht und spricht deshalb den „Verlust" der Tochter an (Z. 8f.).
- Im zweiten Gesprächsteil erzählt Claudia von der Begegnung zwischen dem Prinzen und Emilia. Sie weiß wohl, dass Odoardo mit seiner „strengen Tugend" Vorbehalte gegen den Hof hat. Die (doppelten) Gedankenstriche nach ihren Äußerungen (vgl. Z. 34, 36, 38 und 40) zeigen dennoch, dass sie auf (positive?) Reaktionen Odoardos wartet. Dieser reagiert jedoch nur mit erstaunten Nachfragen.
- Die zwei längeren Redebeiträge Odoardos haben belehrenden Charakter. In eindringlicher Weise schildert Odoardo seine Sicht der Dinge.
- Am Schluss bricht Odoardo das Gespräch ab, bevor er Claudia „Unangenehmes" sagen muss.

## Teilschritt: Figuren und Figurenkonstellation untersuchen (→ 1. Teilaufgabe)

Untersuchen und erläutern Sie die Figurenkonstellation.

***Figuren und Figurenkonstellation***
- Die Beziehung zwischen Claudia und Odoardo ist angespannt; das Gespräch bringt aber keine Besserung, sondern endet mit Vorwürfen Odoardos an Claudia.
- Odoardo tritt als Familienoberhaupt und väterliche Autorität auf. Seine Frau Claudia hält er insgeheim für naiv und von den Zerstreuungen der höfischen Welt verführbar. Der Vorwurf, sie suche „das Geräusch und die Zerstreuung der Welt", wird zwar von Claudia als „ungerecht" abgewehrt, doch bleibt er im Raume stehen.
- Er hat genaue Vorstellungen davon, was für seine Familie und vor allem seine Tochter das Beste ist.
- Claudia ordnet sich zwar äußerlich Odoardo unter, möchte aber gleichwohl ihre Sicht der Dinge einbringen.

## Teilschritt: Sprachliche Gestaltung untersuchen (→ 1. Teilaufgabe)

Beschreiben und charakterisieren Sie die Sprache der beiden Protagonisten.

***Sprache***
- Auffällig gehobene Ausdrucksweise überwiegt (vor allem im Wortschatz, z.B.: „deines Anblickes so zu verfehlen", „Argwohn erneuern", aber auch komplexerer Satzbau in den längeren Redepassagen).
- Äußerungen Odoardos in der Gesprächsmitte sind gekennzeichnet durch viele rhetorische Fragen (z.B. „Was nennst du, sie verlieren?") und emphatische Aussagen (z.B. „Gut, dass es so damit abgelaufen!").
- Im Schlussteil schnelle Wechselrede, wobei Odoardo nur durch erstaunt-ungläubiges Nachfragen den Gesprächsfluss aufrechterhält.
- Ausrufe, kurze Sätze oder den Satzabbruch („Ha! wenn ich mir einbilde –") in Odoardos letzter Äußerung zeigen seine Aufgeregtheit. Trotzdem bleibt er höflich (Ausnahme der direkte Vorwurf: „O Claudia! eitle törichte Mutter!).

## Teilschritt: Textüberschreitende Aspekte einbeziehen (→ 1. Teilaufgabe)

überlegen Sie, inwieweit die Entstehungszeit und die Gattung des Stücks die Untersuchungsergebnisse sinnvoll ergänzen können.

- „Emilia Galotti" entstammt der Epoche der Aufklärung. Das Stück gehört zur Gattung „Bürgerliches Trauerspiel". Charakteristisch für Epoche und Genre sind die Versuche des Bürgertums, sich gegen den Einfluss des Hofes zu behaupten. Meistens sind es Väter, die ihre Töchter vor Übergriffen schützen wollen.

## Teilschritt: Dramenauszüge vergleichen (→ 1. Teilaufgabe)

Ausgehend von den bisher gewonnenen Analyse-Erkenntnissen ist es sinnvoll, nun den Auszug aus „Kabale und Liebe" zum Vergleich heranzuziehen.

Halten Sie Gemeinsamkeiten und Unterschiede zwischen den beiden Textauszügen fest. Beachten Sie mit Blick auf die zweite Teilaufgabe besonders die Rolle des Vaters.

***Gemeinsamkeiten***
- Es handelt sich jeweils um ein Gespräch zwischen einem Vater und einer Mutter. Thema ist die Beziehung der gemeinsamen Tochter zu einem (höher gestellten) Mann.
- Der Vater erscheint jeweils als autoritäres Familienoberhaupt, dem es vor allem darum geht, sich und seine Familie gegen (höfische) Außeneinflüsse zu schützen.
- Die Mutter erscheint jeweils als naive Figur, die hofft, der Tochter den sozialen Aufstieg zu ermöglichen.
- Jeweils wird mehr oder weniger offen Kritik an den (moralischen) Verhältnissen am Hof geäußert. Odoardo ist der Hof verhasst, weil dort seine strengen Tugendmaßstäbe nicht gelten (vgl. Z.17); Miller spricht verächtlich von einer „Schlaraffenwelt" (Z.41).
- Beide Stücke gehören zur Epoche der Aufklärung und zur Gattung des bürgerlichen Trauerspiels.

***Unterschiede***
- Während die Figurensprache im Auszug aus „Emilia Galotti" überwiegend gehoben ist, ist die Sprache der Figuren in der vorliegende Szene aus „Kabale und Liebe" deutlich umgangssprachlich markiert. Entsprechend unterschiedlich scheinen die Familien sozial verortet. Odoardos Familie gehört dem Großbürgertum, die Familie Miller jedoch dem Kleinbürgertum an.
- Auch die Gesprächssituation unterscheidet sich. Emilia ist fest verlobt und die Avancen des Prinzen sind (noch) nicht als echte Bedrohung des Familienglücks zu erkennen. Dagegen kommt Luise ganz konkret „ins Geschrei". Der Vater fürchtet, keinen achtbaren Schwiegersohn mehr zu finden – den Odoardo schon gefunden hat. Entsprechend will Odoardo den Status quo bewahren, Miller ihn verändern.
- Vater Miller ist deutlich weniger souverän gezeichnet als Odoardo. Er ist aufgeregt und redet sich in Rage.
- Seine Frau behandelt Miller recht respektlos, weil er ihrem Urteil nicht traut. Auch Odoardo schätzt das Urteilsvermögen seiner Frau gering, bleibt aber trotzdem höflich.

1. → 2. → **3. Eigenen Standpunkt erarbeiten** → 4. → 5. → 6.

Bei der zweiten Teilaufgabe wird die Kenntnis des ganzen Stückes „Kabale und Liebe" vorausgesetzt. Die Teilaufgabe knüpft inhaltlich insofern an die erste Teilaufgabe an, als nun die Figur Millers in den Mittelpunkt rückt und vor dem Hintergrund des dramatischen Konflikts und damit des ganzen Stücks betrachtet werden soll. Voraussetzung für die weitere Bearbeitung der Aufgabe ist deshalb, dass die Figur kurz charakterisiert und ihre Bedeutung für die gesamte Handlung dargestellt wird.

## Teilschritt: Musiker Miller charakterisieren (→ 2. Teilaufgabe)

Benennen Sie stichwortartig wesentliche Merkmale der Figur Miller.

- Miller ist 60 Jahre alt, Berufsmusiker und fest im (Klein-)Bürgertum und seiner Wertewelt verankert – ein einfacher Mann ohne höhere Bildung.
- Miller liebt seine Tochter „abgöttisch" und will sie nicht zu einer Ehe gegen ihren Willen zwingen, etwa mit dem Sekretär Wurm. Nichtsdestoweniger weiß er aber, dass seine Tochter sein „Kapital" ist. Sie soll ihm einmal einen guten Schwiegersohn beibringen und ihn im Alter absichern. Seine Beziehung zu Luise ist also nicht nur von Liebe, sondern auch von einem gewissen Egoismus bestimmt.

Stellen Sie kurz dar, welche Rolle Miller für die gesamte Handlung des Stücks „Kabale und Liebe" spielt.

- Miller ist von Anfang an gegen die Verbindung von Luise mit Ferdinand. Damit übt er Druck auf Luise aus, die von Millers Wertewelt nachhaltig geprägt ist.
- Miller möchte Luise aber auch nicht zwingen, den Sekretär Wurm zu heiraten. Dadurch trägt Miller unwissentlich dazu bei, dass Wurm ein persönliches Interesse an seiner Intrige gegen Luise und Ferdinand hat.
- Am Ende des II. Aktes eskaliert ein Streit zwischen Miller und Ferdinands Vater. Das wiederum veranlasst Ferdinand, sich offen gegen seinen Vater zu stellen und Luise zur Flucht zu überreden. Für das anschließende Zerwürfnis des Paares ist Miller also zumindest mitverantwortlich.
- Ihrer Liebe zum Vater wegen ist Luise leichtes Opfer für die Wurm'sche Intrige. Zumindest indirekt ist Miller dafür mitverantwortlich, weil er Luise kein selbstverantwortliches Verhalten ermöglicht.
- Im V. Akt hält Miller seine Tochter vom Selbstmord ab, indem er sie an ihre Pflicht ihm gegenüber erinnert.

## Teilschritt: Figur Miller beurteilen (→ 2. Teilaufgabe)

Formulieren Sie aufgrund Ihrer bisherigen Arbeitsergebnisse eine These zur Beurteilung der Rolle der Figur Miller. Bedenken Sie hierbei, dass die Aufgabenstellung impliziert, dass die Figur Miller für den dramatischen Konflikt zumindest eine gewisse Rolle spielt.

***These***
Miller hat zwar auf den Gang der zentralen Handlung nur mittelbaren Einfluss, ist entscheidend beteiligt am dramatischen Konflikt im Stück. Er ist mitverantwortlich für den inneren Zwiespalt Luises, die im Konflikt zwischen der Stimme ihres Herzens einerseits und ihrem Pflichtgefühl ihrem Vater gegenüber keinen Ausweg findet.

1. → 2. → 3. → **4. Gliederung erstellen** → 5. → 6.

Beginnen Sie mit der schriftlichen Ausarbeitung erst, nachdem Sie eine Gliederung bzw. einen Schreibplan erstellt haben, an der/dem Sie sich während des Schreibens orientieren können. Beachten Sie, dass die in sich stimmige und schlüssige Darstellung und Abfolge Ihrer Untersuchungsergebnisse und Argumente bei der Bewertung eine wichtige Rolle spielen.

Ordnen Sie Ihre Untersuchungsergebnisse, mit denen Sie Ihre leitende(n) These(n) stützen wollen, in einer übersichtlichen Gliederung an.
Halten Sie sich, wenn die Aufgabenstellung nichts anderes vorsieht, an die bewährte Aufteilung in Einleitung, Hauptteil und Schluss. Bedenken Sie, dass sich aus der Aufgabenstellung und den Aspekten der Textuntersuchung oft schon eine bestimmte Abfolge in der Gliederung ergeben kann.

***Einleitung:***
- Präsentation der Texte (Titel, Textsorte, Verfasser, Entstehungszeit bzw. Veröffentlichungsjahr, Thema)
- Deutungsthese formulieren

***Hauptteil:***

**1. Teilaufgabe: Vergleichende Analyse der Dramenauszüge**
- a) „Emilia Galotti"
  - Kurze Inhaltszusammenfassung
  - Darstellung der Ergebnisse der aspektorientierten Analyse
- b) „Kabale und Liebe": Darstellung der Gemeinsamkeiten und Unterschiede im Vergleich zum Auszug aus „Emilia Galotti"

**2. Teilaufgabe: Beurteilung der Rolle von Vater Miller im dramatischen Konflikt**
- c) Beschreibung der Figur Millers
- d) Rolle der Figur Miller für die Handlung
- e) begründete Beurteilung der Rolle von Vater Miller im dramatischen Konflikt

***Schluss:***
Ergebniszusammenfassung; persönliche Bewertung der Rolle Millers und der Vergleichbarkeit der beiden Dramenauszüge

Überprüfen Sie noch einmal Ihre Gliederung auf ihre Stimmigkeit und Folgerichtigkeit. Korrigieren bzw. ergänzen Sie gegebenenfalls Ihre Gliederung.

**Hinweise zur Gestaltung der Einleitung**

Eine Einleitung sollte in der Regel die in der Gliederung genannten Informationen enthalten.
Falls Sie – wie viele andere auch – „Angst vor dem weißen Blatt" haben, prägen Sie sich am besten eine Standardformulierung ein (z. B. „In der 17... entstandenen/veröffentlichten ... Novelle/Kurzgeschichte ... schildert/behauptet ..., wie/dass ...").
Achten Sie darauf, dass sich zwischen der Einleitung und dem Schluss ein „roter Faden" spannt.

**Hinweise zur Gestaltung der Textübergänge**

Auch wenn die Teilaufgaben in sich geschlossen sind, sollten Sie ein schematisches Abarbeiten der Gliederungspunkte vermeiden und flüssige Übergänge zwischen den Klausurteilen gestalten:
- Sie leiten aus Ihrer bisherigen Darstellung Fragen ab (z. B. „Aus dem Gesagten ergibt sich die Frage, wie/ob ..."), die Sie dann im nachfolgenden Klausurteil aufgreifen bzw. beantworten.
- Sie greifen wichtige Inhalte und/oder Begriffe im nachfolgenden Klausurteil wieder auf und beleuchten diese in einem anderen (übergeordneten) Zusammenhang (z. B. „Um die Bedrohung der Familie durch die Außenwelt geht es letztlich auch in dem Auszug aus Schillers ‚Kabale und Liebe'.", „Auch in der Figur Miller wird deutlich, wie/dass ...").

**Hinweise zur Gestaltung des Schlusses**

Der Schluss Ihrer Arbeit ist nicht weniger wichtig als die Einleitung, weil Sie mit den letzten Sätzen unter Umständen einen nachhaltigen Eindruck auf Ihren Leser hinterlassen. So können Sie einen prägnanten Schluss gestalten:

- Sie resümieren Ihre Analyse, heben das bzw. die für Sie wichtigsten Ergebnisse hervor.
- Wenn Sie im ersten Teil (in der Einleitung bzw. zu Beginn des Hauptteils) mit einer Deutungsthese gearbeitet haben, so greifen Sie jetzt darauf zurück und überprüfen diese. Entweder bestätigen, widerlegen oder variieren Sie sie (jeweils mit Begründung).
- Sie entwickeln ein Urteil – sei es zum Inhalt, der Argumentation oder zur ästhetischen Gestalt der Texte. Das sollten Sie aber nur dann tun, wenn Sie dieses Urteil auch gut begründen können.
- Sie fragen nach der Bedeutung der Texte für Sie selbst oder die Gegenwart. (Ein bloßes Beteuern, dass ein Text „immer noch aktuell" sei, reicht hier allerdings nicht aus.)

1. → 2. → 3. → 4. → **5. Klausur schreiben** → 6.

Schreiben Sie auf der Grundlage Ihrer Gliederung sowie Ihrer übrigen Vorarbeiten die Klausur.

***Einleitung:***

Mit den Auszügen aus „Emilia Galotti" (1772, Szene II,4) von Gotthold Ephraim Lessing und „Kabale und Liebe" (1784, Szene I,1) von Friedrich Schiller liegen zwei Stücke zum Vergleich vor, die nicht nur derselben Epoche der Aufklärung, sondern auch derselben Gattung des bürgerlichen Trauerspiels zuzuordnen sind. Es ist deshalb wohl auch kein Zufall, dass beide Auszüge Vaterfiguren zeigen, denen es vor allem darum geht, sich und ihre Familien sowie ihr bürgerliches Zuhause gegen höfische Einflüsse zu schützen.

***Hauptteil:***

**1. Teilaufgabe**

Der Auszug aus „Emilia Galotti" zeigt die Eltern von Emilia, Odoardo und Claudia, im Gespräch. Odoardo kann nicht länger auf Emilia warten, da er noch mit seinem künftigen Schwiegersohn sprechen will. Während Odoardo sich freut, dass der Graf „in seinen väterlichen Tälern" leben möchte, hat Claudia Sorge, ihre Tochter bald zu „verlieren". Durch Claudias Verlustangst erwacht in Odoardo wieder der alte Verdacht, dass Claudia weniger der Erziehung Emilias wegen als vielmehr zur eigenen Zerstreuung die Nähe des Hofs gesucht hat. Claudia entgegnet zwar, dass erst die Nähe zum Hof den Grafen und Emilia zusammengebracht hat, doch Odoardo will dies nicht als Argument gelten lassen. Der Graf müsste am Hofe dienen, wo er zuhause befehlen könnte. Außerdem, so Odoardo weiter, hasse ihn der Prinz. Als Odoardo von Claudia erfährt, dass der Prinz Emilia nicht nur gesehen, sondern von ihr sehr angetan war, macht er Claudia zunächst Vorwürfe wegen ihrer Naivität und weil sie ihn nicht sofort von der Begegnung informiert hat. Um Claudia weitere Vorwürfe zu ersparen, bricht Odoardo das Gespräch ab und entschließt sich zu gehen.
Obwohl die Sprache der Figuren und ihr Umgang miteinander über weite Strecken von Höflichkeit geprägt sind, ist die angespannte Situation zwischen Odoardo und Claudia dennoch deutlich: Sie bewerten sowohl den Aufenthalt der Familie in der Stadt als auch die Beziehung Odoardos zum Prinzen, als auch die Begegnung des Prinzen mit Emilia unterschiedlich. Odoardo wirft Claudia dabei vor, sie suche „das Geräusch und die Zerstreuung der Welt" (Z. 12) und nennt sie eine „eitle, törichte Mutter" (Z. 42), da sie die Abneigung des Prinzen ihm gegenüber nicht sieht und die Verhältnisse am Hof falsch schätzt („Was sollte der Graf hier? Sich bücken, schmeicheln und kriechen …?", Z. 24 f.).

Während Claudia so als naive Mutter gekennzeichnet wird, erscheint Odoardo als autoritäres Familienoberhaupt. Es zeigt sich hierin eine erste und wichtige Gemeinsamkeit mit dem Auszug aus „Kabale und Liebe". Zwar sind in beiden Stücken die Familien sozial anders verortet (Odoardos Familie gehört dem Großbürgertum, die Familie Miller dagegen dem Kleinbürgertum an), was sich auch in der Sprache der Figuren zeigt: Während vor allem Odoardo sich einer gehobenen Sprache bedient (gehobener Wortschatz, z.B.: „deines Anblickes so zu verfehlen", „Argwohn erneuern", aber auch komplexerer Satzbau in den längeren Redepassagen, im Mittelteil außerdem rhetorische Fragen und emphatische Ausrufe), ist Millers Sprache deutlich umgangssprachlich markiert (vgl. z.B. „Unterm Dach mags aussehen, wies will. Darüber kuckt man bei euch Weibsleuten weg, wenns nur der liebe Gott parterre nicht hat fehlen lassen –", Z.27ff.). Auch unterscheidet sich die Gesprächssituation (Emilia ist fest verlobt und die Avancen des Prinzen sind noch nicht als echte Bedrohung des Familienglücks zu erkennen, Luise dagegen kommt ganz konkret „ins Geschrei", Z.5), und Vater Miller erscheint deutlich weniger souverän als Odoardo. Doch wollen beide Väter als Familienoberhäupter Schaden von ihrer Familien abwenden: Odoardo, indem er den Status quo (die Verbindung des Grafen mit Emilia) zu bewahren, Miller, indem er die nichtstandesgemäße Beziehung zwischen Luise und Ferdinand von Walter auseinanderzubringen sucht. Gemeinsam ist beiden, dass sie wenig Vertrauen in ihre Ehefrauen zeigen, die sie für naiv und aufstiegsorientiert halten. Beide Vaterfiguren äußern außerdem mehr oder weniger direkt Kritik am Hof. So ist der Hof für Miller eine „Schlaraffenwelt" (Z.41), die über die Beziehung Luises mit Ferdinand zugleich seine Familie bedroht („Der junge Baron bringts mit einem Wischer hinaus, das muss ich wissen, und alles Wetter kommt über den Geiger.", Z.12f.).

**2. Teilaufgabe**

Bereits in der Eingangsszene wird so nicht nur deutlich, dass Miller gegen die Verbindung Luises mit Ferdinand ist, sondern auch, dass er die Grenzen und Möglichkeiten seines Standes richtig einschätzt. Miller, der seine Tochter „abgöttisch" liebt (vgl. „Wenn ich mein Herz zu abgöttisch an diese Tochter hing?", V,1), möchte Luise so auch nicht zwingen, den Sekretär Wurm zu heiraten. Dadurch verhindert Miller aber klare Verhältnisse und trägt dazu bei, dass Wurm ein persönliches Interesse an seiner Intrige gegen Luise und Ferdinand haben kann (vgl. „Vater und Mutter […] erkennen [es] noch zuletzt für Erbarmung, wenn ich der Tochter ihre Reputation wiedergebe.", III,1).

Als Miller nach schweren Beleidigungen den Präsidenten aus seinem Haus werfen möchte, will Präsident Walter zunächst Miller und später Luise verhaften lassen. Dies wiederum veranlasst Ferdinand, sich offen gegen seinen Vater zu stellen und Luise zur Flucht zu überreden. Für das anschließende Zerwürfnis des Paares ist Miller zumindest mitverantwortlich. Im Schlussakt hält Miller seine Tochter schließlich vom Selbstmord ab, indem er sie zwingt, sich für ihn zu entscheiden, d.h., ihre Pflicht ihm gegenüber zu erfüllen (vgl. „Wenn die Küsse deines Majors heißer brennen, als die Tränen deines Vaters – stirb!", V,1).

Miller hat so zwar auf den Gang der zentralen Handlung nur mittelbaren Einfluss, großen Einfluss besitzt er dagegen – wie gerade der Schlussakt zeigt – auf Luise und ihre Wertewelt (ihre Tugend- und Pflichtvorstellungen und ihr Verständnis der Religion). Sie fühlt eine starke Verpflichtung ihrem Vater gegenüber (vgl. „Ich habe einen Vater, der kein Vermögen hat, als diese einzige Tochter – der morgen sechzig alt wird – der der Rache des Präsidenten gewiss ist. –", III,4) und sieht sich so stark an religiöse bzw. ethische Normen gebunden, dass sie selbst an einen erpressten Eid gebunden fühlt.

Vater Miller ist durch seinen Einfluss auf Luise auch mitverantwortlich für den zentralen inneren Konflikt Luises, nämlich der „Einsicht" in die gesellschaftliche Unmöglichkeit ihrer Beziehung zu Ferdinand einerseits und der Stimme ihres Herzens andererseits.

**Schluss:**
Wenn man die Rolle Millers in der dargestellten Weise versteht, kann man letztlich sagen, dass Luise zwischen den beiden Männerfiguren Ferdinand und ihrem Vater steht und zwischen ihnen aufgerieben wird, was aber umgekehrt auch heißt: Bei aller Mitverantwortung Millers ist er doch keinesfalls der Alleinschuldige. Blickt man nun noch einmal auf den Ausgangsvergleich mit dem Stück „Emilia Galotti" zurück, so kann man sagen: In beiden Stücken geht es um das Verhältnis von Töchtern zu ihren Vätern. Entsprechend den Vorstellungen des 18. Jahrhunderts meinen die Väter, für den Lebensweg ihrer Töchter verantwortlich zu sein und glauben, Einfluss nehmen zu müssen. Gemeinsam ist beiden die Sorge um das vermeintliche Wohl der Tochter, auch wenn die Töchter das vielleicht anders sehen dürften.

1. → 2. → 3. → 4. → 5. → **6. Klausur überarbeiten**

Teilen Sie sich Ihre Zeit so ein, dass Sie Ihre Klausur am Schluss noch einmal gründlich überarbeiten können. Sie können dabei die nachfolgende Checkliste zugrunde legen. Bedenken Sie dabei, dass die Darstellungsleistung mit ca. 25% in die Bewertung eingeht.

**Überprüfung des Inhalts**

- Entspricht der Inhalt des Klausurtextes genau der Aufgabenstellung und ggf. den Teilaufgaben?
- Sind die Operatoren richtig erfasst und umgesetzt?
- Ist der Klausurtext sachlich korrekt (richtiger Gebrauch von Fachtermini; Überprüfung der genannten Autoren, Jahreszahlen usw.)?

**Überprüfung der Plausibilität (Stimmigkeit)**

- Wird eine klare These formuliert und begründet (bzw. belegt)?
- Belegen die Argumente die These? Stützen die Beispiele, Belege und Zitate die Thesen?
- Wird die Deutung durch die Einbeziehung von Kontexten (Biografie des Autors, der Epoche der Zeitgeschichte usw.) vernetzt?
- Stimmt die Gesamtdeutung mit den Einzelbeobachtungen überein?

**Überprüfung der Stringenz (Folgerichtigkeit)**

- Ist die Gliederung stimmig? Wird sie eingehalten?
- Ist der Text aus sich heraus verständlich?
- Sind die Ergebnisse sinnvoll miteinander verknüpft?
- Gibt es einen roten Faden?

**Überprüfung der Sprache bzw. der äußeren Form**

- Ist die Wortwahl präzise? Werden an passender Stelle Fachtermini verwendet?
- Wird eine einheitliche, sachlich-analytische Stilebene eingehalten oder gibt es Stilbrüche?
- Ist der Klausurtext abwechslungsreich formuliert und wurden nicht notwendige Wiederholungen sowie Floskeln, Leerformeln usw. vermieden?
- Ist der Satzbau grammatisch korrekt und sind die grammatischen Bezüge eindeutig?
- Ist der Klausurtext frei von Rechtschreib- und Zeichensetzungsfehlern?
- Sind alle Zitate korrekt?

# Musterklausur 2

### Friedrich Schiller: Kabale und Liebe, Dritter Aufzug, Vierte Szene (1784; Auszug)

*Zimmer in Millers Wohnung.*
*Luise und Ferdinand.*

**Luise** Ich bitte dich, höre auf. Ich glaube an keine glückliche Tage mehr. Alle meine Hoffnungen sind gesunken.

**Ferdinand** So sind die meinigen gestiegen. Mein Vater ist aufgereizt. Mein Vater wird alle Geschütze gegen uns richten. Er wird mich zwingen, den unmenschlichen Sohn zu machen. Ich stehe nicht mehr für meine kindliche Pflicht. Wut und Verzweiflung werden mir das schwarze Geheimnis seiner Mordtat erpressen. Der Sohn wird den Vater in die Hände des Henkers liefern – Es ist die *höchste* Gefahr – – und die höchste Gefahr musste da sein, wenn meine Liebe den Riesensprung wagen sollte – – Höre, Luise – ein Gedanke, groß und vermessen wie meine Leidenschaft, drängt sich vor meine Seele – *Du*, Luise, und *ich* und die *Liebe*! – liegt nicht in diesem Zirkel der ganze Himmel? oder brauchst du noch etwas Viertes dazu?

**Luise** Brich ab. Nichts mehr. Ich erblasse über das, was du sagen willst.

**Ferdinand** Haben wir an die Welt keine Foderung mehr, warum denn ihren Beifall erbetteln? Warum wagen, wo nichts gewonnen wird und alles verloren werden kann? – Wird dieses Aug nicht eben so schmelzend funkeln, ob es im Rhein oder in der Elbe sich spiegelt, oder im Baltischen Meer? Mein Vaterland ist, wo mich Luise liebt. [...]

**Luise** Und hättest du sonst keine Pflicht mehr als deine Liebe?

**Ferdinand** *sie umarmend* Deine Ruhe ist meine heiligste.

**Luise** *sehr ernsthaft* So schweig und verlass mich – Ich habe einen Vater, der kein Vermögen hat, als diese einzige Tochter – der morgen sechzig wird – der der Rache des Präsidenten gewiss ist. –

**Ferdinand** *fällt rasch ein* Der uns begleiten wird. Darum keinen Einwurf mehr, Liebe. Ich gehe, mache meine Kostbarkeiten zu Geld, erhebe Summen auf meinen Vater. Es ist erlaubt, einen Räuber zu plündern, und sind seine Schätze nicht Blutgeld des Vaterlands? – Schlag *ein* Uhr um Mitternacht wird ein Wagen hier anfahren. Ihr werft euch hinein. Wir fliehen.

**Luise** Und der Fluch deines Vaters uns nach? – ein Fluch, Unbesonnener, den auch Mörder nie ohne Erhörung aussprechen, den die Rache des Himmels auch dem Dieb auf dem Rade hält, der uns Flüchtlinge, unbarmherzig wie ein Gespenst, von Meer zu Meer jagen würde? – Nein, mein Geliebter! Wenn nur ein Frevel dich mir erhalten kann, so hab ich noch Stärke, dich zu verlieren.

**Ferdinand** *steht still und murmelt düster* Wirklich?

**Luise** *Verlieren*! – O, ohne Grenzen entsetzlich ist der Gedanke – grässlich genug, den unsterblichen Geist zu durchbohren und die glühende Wange der Freude zu bleichen – Ferdinand! dich zu verlieren! Doch! Man verliert ja nur, was man besessen hat, und dein Herz gehört deinem Stande – Mein Anspruch war Kirchenraub, und schaudernd geb ich ihn auf.

**Ferdinand** *das Gesicht verzerrt und an der Unterlippe nagend* Gibst du ihn auf.

**Luise** Nein! Sieh mich an, lieber Walter. Nicht so bitter die Zähne geknirscht. Komm! Lass mich jetzt deinen sterbenden Mut durch mein Beispiel beleben. Lass *mich* die Heldin dieses Augenblicks sein – einem Vater den entflohenen Sohn wiederschenken – einem Bündnis entsagen, das die Fugen der Bürgerwelt auseinandertreiben und die allgemeine ewige Ordnung zu Grund stürzen würde – *Ich* bin die Verbrecherin – mit frechen, törichten Wünschen hat sich mein Busen getragen – mein Unglück ist meine *Strafe*, so lass mir doch jetzt die süße, schmeichelnde Täuschung, dass es mein *Opfer* war – Wirst du mir diese Wollust missgönnen?

**Ferdinand** *hat in der Zerstreuung und Wut eine Violine ergriffen und auf derselben zu spielen versucht – Jetzt zerreißt er die Saiten, zerschmettert das Instrument auf dem Boden und bricht in ein lautes Gelächter aus*

**Luise** Walter! Gott im Himmel! Was soll das? – Ermanne dich! – Fassung verlangt diese Stunde – es ist eine *trennende*. Du hast ein Herz, lieber Walter. Ich *kenne* es. – Warm wie das Leben ist deine Liebe, und ohne Schranken wies Unermessliche – Schenke sie einer *Edeln* und Würdigern – sie wird die Glücklichsten ihres Geschlechts nicht beneiden – – *Tränen unterdrückend* mich sollst du nicht mehr sehn – Das eitle betrogene Mädchen verweine seinen Gram in einsamen Mauern, um seine Tränen wird sich niemand bekümmern – Leer und erstorben ist meine Zukunft – Doch werd ich noch je und je am verwelkten Strauß der Vergangenheit riechen. *Indem sie ihm mit abgewandtem Gesicht ihre zitternde Hand gibt* Leben Sie wohl, Herr von Walter.

**Ferdinand** *springt aus seiner Betäubung auf* Ich entfliehe, Luise. Wirst du mir wirklich nicht folgen?

**Luise** *hat sich im Hintergrund des Zimmers niedergesetzt und hält das Gesicht mit beiden Händen bedeckt* Meine Pflicht heißt mich bleiben und dulden.

**Ferdinand** Schlange, du lügst. Dich fesselt was anders hier.

**Luise** *im Ton des tiefsten inwendigen Leidens* Bleiben Sie bei dieser Vermutung – sie macht vielleicht weniger elend.

**Ferdinand** Kalte Pflicht gegen feurige Liebe! – Und mich soll das Märchen blenden? Ein Liebhaber fesselt dich, und Weh über dich und ihn, wenn mein Verdacht sich bestätigt. *Geht schnell ab*

**Aus:** Friedrich Schiller, *Kabale und Liebe*, Editionen für den Literaturunterricht, Ernst Klett Verlag, Stuttgart/Leipzig 2011, S. 61 ff.

---

**Aufgabenstellung**

1. Analysieren Sie den Dramentextauszug aus „Kabale und Liebe" vor dem Hintergrund des Handlungsaufbaus des ganzen Stücks.
2. Überprüfen Sie anhand Ihrer Ergebnisse die These von Wolfgang Binder zum Handlungsaufbau:

„Die ungemein wichtige Szene III, 4 erfüllt also die doppelte Funktion der inneren und äußeren Peripetie, wie der junge Schiller auch sonst die Mitte betont."

**Aus:** W. Binder, *Schiller, „Kabale und Liebe"*. In: Das deutsche Drama. Vom Barock bis zur Gegenwart. Interpretationen, Bd. 1. Hrsg. v. Benno von Wiese, Bagel, Düsseldorf 1964, S. 250–270.

## 1. Erstes Überfliegen des Textes – Aufgabenstellung erfassen

→ 2. → 3. → 4. → 5. → 6.

Überfliegen Sie den Dramenauszug, und verschaffen Sie sich einen ersten Eindruck.

| | | |
|---|---|---|
| Wer spricht | ► | Haupt- und Nebenfiguren |
| in welcher Situation | ► | Ort und Zeit der Handlung |
| warum | ► | Kontext der Szene |
| worüber | ► | Themen |
| wozu | ► | Handlungsziel der Figuren |

Formulieren Sie eine oder mehrere Verstehenshypothesen zum (oder auch Fragen an den) Text.

- In der Szene werden Differenzen zwischen Ferdinand und Luise sichtbar. Es trifft, wie Ferdinand formuliert, „kalte Pflicht" auf „feurige Liebe".
- Luise will ihren Anspruch auf Ferdinand aufgeben und „einem Bündnis entsagen" (Z. 40 f.), das gegen die gesellschaftliche Ordnung verstößt.
- Ferdinand glaubt Luises Begründungen nicht und beschimpft sie („Schlange, du lügst.", Z. 61).

Lesen Sie nun die Aufgabenstellung genau durch. Achten Sie dabei vor allem auf die Arbeitsanweisungen (Operatoren).

Die vorliegende Aufgabe gehört zur **Aufgabenart II**, und zwar hier **Typ A**, der so definiert ist: *Analyse eines literarischen Textes mit weiterführendem Schreibauftrag*. Das heißt, in der zweiten Teilaufgabe wird **die erste Teilaufgabe** (zum Operator „analysieren" vgl. Musterklausur 1, S. 7) weitergeführt. Beide Teilaufgaben hängen also inhaltlich/thematisch eng zusammen, was Sie bei der Planung Ihrer Arbeit berücksichtigen sollten.

**Die zweite Teilaufgabe** baut auf den Analyseergebnissen der ersten Teilaufgabe auf. Hier gilt es, diese in einen weiteren, allgemeingültigen Kontext zu stellen. Der Operator „überprüfen" verlangt, die hier vorliegende These auf ihre Angemessenheit hin zu untersuchen und dabei zu begründeten Ergebnissen zu kommen.
In der Gewichtung ist die erste Teilaufgabe bedeutender als die zweite (etwa drei Viertel zu einem Viertel). Im Abitur würde das über die Punktezahl deutlich, die hinter den einzelnen Teilaufgaben steht.

**1.** → **2. Text aspektorientiert erschließen** → **3.** → **4.** → **5.** → **6.**

### Teilschritt: Inhalt sichern (→ 1. Teilaufgabe)

Lesen Sie den Auszug aus „Kabale und Liebe" mehrfach, und gliedern Sie ihn in Sinnabschnitte.

1. Abschnitt (Z. 1-17): Ferdinand hat mit seinem Vater und dem alten Leben gebrochen und will mit Luise fliehen.
2. Abschnitt (Z. 18-32): Luise erinnert Ferdinand an seine Pflichten. Sie möchte auch ihren Vater nicht mit auf die Flucht nehmen, weil sie in der Flucht einen „Frevel" sieht und die Verfolgung durch den Präsidenten fürchtet.
3. Abschnitt (Z. 32-44): Luise präzisiert ihre Gründe dafür, nicht gemeinsam mit Ferdinand (und dem Vater) zu fliehen. Ferdinands Herz gehöre seinem Stand, eine Flucht würde gegen die gesellschaftliche Ordnung verstoßen. Luise sieht sich aufgrund ihres ursprünglichen Wunsches, mit Ferdinand zusammen zu sein, als Verbrecherin, die nun ihre Strafe (= die Trennung von Ferdinand) erhält.
4. Abschnitt (Z. 45-56): Ferdinand verliert angesichts der standhaften Weigerung Luises die Fassung. Luise versucht, ihn zu beruhigen und zeichnet das Bild ihrer Zukunft: Walter sollte eine Edle heiraten, ihre eigene Zukunft sei „[l]eer und erstorben".
5. Abschnitt (Z. 57-60): Auf Ferdinands Nachfrage bekräftigt Luise ihren Beschluss noch einmal.
6. Abschnitt (Z. 61-66): Ferdinand bezichtigt Luise der Lüge. Er verdächtigt sie, einen Liebhaber zu haben.

### Teilschritt: Handlungszusammenhang klären (→ 1. Teilaufgabe)

Bei Textauszügen, die keine Textanfänge sind, sollte der Auszug jeweils auch im Gesamtzusammenhang des Werkes betrachtet werden. Je nach Aufgabenstellung ist hier auf kontextabhängige Bezüge zum Autor, der Gattung oder der Epoche und ihren Themen und Motiven zu achten. Im vorliegenden Fall ergibt sich die Einordnung auch aus der zweiten Teilaufgabe.

Ordnen Sie den Textauszug in den Gesamtzusammenhang des Stücks „Kabale und Liebe" ein.

- Ferdinand will die Geliebte zur Flucht überreden, nachdem sein Vater die Familie Miller psychisch und physisch bedroht hat. Aus seiner Sicht ist der Fluchtgedanke psychologisch nachvollziehbar. Wie er eingangs der Szene betont, hat er mit seinem Vater gebrochen (vgl. II, 7: „Kein *menschliches* Mittel ließ ich unversucht – ich muss zu einem teuflischen schreiten – Ihr führt sie zum Pranger fort, unterdessen *zum Präsidenten ins Ohr* rufend erzähl ich der Residenz eine Geschichte, wie man Präsident wird.").
- Für Luise müssen die vergangenen Ereignisse zutiefst verstörend gewesen sein – sowohl die Beschimpfungen des Präsidenten („Eine lustige Zumutung! Der Vater soll die Hure des Sohns respektieren.", II, 6) als auch die fast vollzogene Verhaftung (II, 7).
- Andererseits bestätigt Luise in dieser Szene nur, was sie immer geahnt hat: Die Liebe zu Ferdinand hat keine Zukunft, weil die gesellschaftlichen Voraussetzungen fehlen. Bereits bei ihrem ersten Auftritt hat sie vorausahnend formuliert: „Ich entsag ihm für dieses Leben." (I, 3)
- Ferdinands Verdacht, Luise könnte einen Liebhaber haben, ist die entscheidende Voraussetzung für das Gelingen der von Wurm und dem Präsidenten zuvor ins Werk gesetzten Intrige (vgl. Szene III, 1).

## Teilschritt: Dialog untersuchen (→ 1. Teilaufgabe)

Untersuchen Sie den Auszug aus „Kabale und Liebe" im Einzelnen unter Ihnen sinnvoll erscheinenden Aspekten. Arbeiten Sie dabei sorgfältig am Text, und machen Sie sich Notizen zu Ihren Untersuchungsergebnissen.

Analysieren Sie das Gesprächsverhalten der Figuren.

***Gesprächsverhalten***

- Auffällig ist zunächst, dass Luise dieses Gespräch gar nicht führen will („Ich bitte dich, höre auf.", Z. 1). Diese Bitte wiederholt sie dann noch zweimal: „Brich ab. Nichts mehr." (Z. 13) sowie: „So schweig und verlass mich –" (Z. 20). Abgesehen von diesen Bitten, erinnert Luise Ferdinand im ersten Gesprächsteil nur mit einer kurzen Frage an dessen Pflichten (vgl. Z. 18).
- Während Luise so im ersten Gesprächsteil sich wenig äußert, spricht Ferdinand beinahe allein. Im Mittelteil (Z. 20 bis 31) sind die Redeanteile jeweils etwa gleich lang. Danach trägt Luise wesentlich mehr zum Dialog bei, Ferdinand dagegen ist einsilbig geworden. Die Szene zeigt so auch eine „Peripetie" der Gesprächsanteile.
- Sowohl Ferdinands als auch Luises Gesprächsverhalten sind durch Regieanweisungen aussagekräftig beschrieben: Während Luises Beiträge vor allem durch die Art des Sprechens gekennzeichnet sind (vgl. „*sehr ernsthaft*", Z. 20, „*Tränen unterdrückend*", Z. 51. sowie „*im Ton des tiefsten inwendigen Leidens*", Z. 62), fallen bei Ferdinand zahlreiche Handlungen und Gesten auf, so etwa ist die Zerstörung der Violine (vgl. Z. 45 ff.).

## Teilschritt: Figuren und Figurenkonstellation untersuchen (→ 1. Teilaufgabe)

Halten Sie fest, was diese Szene über die Figuren und die Figurenkonstellation verrät.

***Figuren und Figurenkonstellation***

- Auffällig bei Ferdinand ist der extreme Stimmungsumschwung von der Beteuerung der Liebe zur Beleidigung und Bedrohung.
- Auch wenn Luise während des gesamten Gesprächs ein Ziel verfolgt, nämlich die Beendigung der Beziehung mit Ferdinand, wird doch sehr deutlich, wie schwer ihr diese Trennung und damit die Erfüllung ihrer Pflicht fällt („mein Unglück ist meine Strafe", Z. 43, „das eitle betrogene Mädchen verweine seinen Gram in einsamen Mauern", Z, 52 f.).
- Dass Luise Ferdinands Glück will, zeigt sich sowohl in der Aufforderung, Ferdinand solle seine Liebe „einer Edeln und Würdigern" schenken (Z. 50 f.), sowie in ihrer Reaktion auf Ferdinands Verdacht („Bleiben Sie bei dieser Vermutung – sie macht vielleicht weniger elend.", Z. 62 f.).
- Ferdinand erscheint unbeherrscht, ist allein auf die Durchsetzung seiner Wünsche fixiert und unfähig, Luises Argumente aufzugreifen.
- In der Beziehung scheint Luise die Vernünftigere der beiden. Sie argumentiert rational, während Ferdinand von seinen Gefühlen geleitet ist und ich-bezogen handelt.

## Teilschritt: Sprachliche Auffälligkeiten untersuchen (→ 1. Teilaufgabe)

Beschreiben und charakterisieren Sie die Sprache der beiden Hauptpersonen.

***Sprache***

- Die Sprache von Luise und Ferdinand ist – abgesehen von der Beleidigung durch Ferdinand („Schlange, du lügst.", Z. 61) – gehoben. Auffällig sind die vielen sprachlichen Bilder (z. B. „Blutgeld des Vaterlands", „unbarmherzig wie ein Gespenst", „Fugen der Bürgerwelt", „am verwelkten Strauß der Vergangenheit riechen") sowie die attributreiche Sprache (z. B. „glühende Wange der Freude", „mit frechen, törichten Wünschen", „die süße, schmeichelnde Täuschung", „Das eitle betrogene Mädchen").
- Zentralbegriffe sind „Pflicht" und „Liebe": Diese werden nicht nur zweimal direkt gegenübergestellt (vgl. Z. 18 und Z. 64), sondern auch mit unterschiedlichen Begriffen verbunden. In Ferdinands erstem Redebeitrag etwa steht der Begriff „Pflicht" mit den Begriffen „Wut" und „Verzweiflung", der Begriff „Liebe" mit den Begriffen „Leidenschaft", „Seele" und „Himmel". In Luises letztem längeren Redebeitrag (Z. 48–56) stehen die Begriffe „Liebe" und „Herz" mit den Begriffen „Gram" und „Tränen".

## Teilschritt: Deutungsthese formulieren (→ 1. Teilaufgabe)

Halten Sie nach der eigentlichen Analysearbeit eine oder mehrere Deutungsthesen des Textes fest.

- Die Szene zeigt einen Umschwung in der Stimmung Ferdinands, dessen anfänglichen Liebesbeteuerungen in Beleidigung und Bedrohung umschlagen.
- Luise bekräftigt inhaltlich in dieser Szene, was sie bereits bei ihrem ersten Auftritt formuliert hat: „Ich entsag ihm für dieses Leben." (I, 3)

- Der Verdacht Ferdinands, Luise könnte einen Liebhaber haben, ist die Voraussetzung für das Gelingen der ins Werk gesetzten Intrige.
- Zentralbegriffe sind „Pflicht" und „Liebe": Während die „Liebe" bei Ferdinand auch von „Wut" und „Verzweiflung" begleitet sind, bedeuten die Begriffe „Liebe" und „Herz" für Luise auch „Gram" und „Tränen".

1. → 2. → **3. Zitat von Binder einbeziehen** → 4. → 5. → 6.

Das Zitat in der zweiten Teilaufgabe greift den Analyseaspekt „Betrachtung des Gesamtzusammenhangs" der ersten Teilaufgabe auf und führt ihn weiter zur übergeordneten Betrachtung der inneren und äußeren Komposition des ganzen Trauerspiels. Beachten Sie, dass mit der geforderten Überprüfung der bisherigen Untersuchungsergebnisse nicht nur ein erweiterter Blick auf die vorliegende Szene einhergeht, sondern diese auch eine Präzisierung der bisherigen Ergebnisse verlangt.

### Teilschritt: Binders These erläutern (→ 2. Teilaufgabe)

✎ Erläutern Sie, was man unter „Peripetie", „innerer Handlung" und „äußerer Handlung" versteht.

- Peripetie: „Wendepunkt", bezeichnet den Umschlag der Handlung vom Glück ins Unglück; im 5-Akt-Schema des klassischen Dramas im III. Akt angesiedelt
- Innere Handlung: Vorgänge und Entwicklungen, die sich im Inneren der Figuren abspielen
- Äußerer Handlung: sichtbares Geschehen auf der Bühne bzw. berichtetes Geschehen auf anderen Handlungsschauplätzen

### Teilschritt: Binders These überprüfen (→ 2. Teilaufgabe)

✎ Stellen Sie dar, inwieweit die Szene III, 4 als Dramenmitte zu verstehen ist und sie den Umschwung der inneren und äußeren Handlung umfasst.

- Der Szene kommt eine Schlüsselfunktion zu. Als 18. von insgesamt 37 Szenen ist Szene III, 4 schon numerisch (fast) genau die Mitte. Innerhalb des III.Aktes steht sie in der Mitte zwischen dem Plan zur Intrige durch Wurm und den Präsidenten und dessen anschließender Umsetzung.
- Die Szene markiert den Wendepunkt in der äußeren Handlung. Die Intrige kann nur gelingen, wenn sich Wurms Einschätzungen der Beteiligten bewahrheiten. Über Ferdinand urteilt er („Ich müsste mich schlecht auf den Barometer der Seele verstehen, oder der Herr Major ist in der Eifersucht schrecklich, wie in der Liebe.", III,1) und über Luise („Sie liebt ihren Vater - bis zur Leidenschaft, möchte ich sagen.", ebd.).
- Die Entwicklung der inneren Handlung zwischen Ferdinand und Luise arbeitet Wurm zu. Weil Luise sich seinen Plänen widersetzt, flackert Eifersucht in ihm auf und fängt an, die Beziehung zu Luise zu vergiften. Am Ende der Szene hat sich der Untreueverdacht bei Ferdinand festgesetzt, ist seine Beziehung zu Luise nicht mehr die, die sie zu Beginn der Szene war.
- Bei Luise ist allerdings kein innerer Umschwung zu erkennen, weil sie eine Beziehung zu Ferdinand von Beginn an als unrealistisch einschätzt (vgl.

„Ich entsag ihm für dieses Leben.", I, 3). Ihre Liebe zu Ferdinand hat diese Erkenntnis zwar überdeckt, aber in III, 4 ist sie realistisch genug, auch dem Geliebten gegenüber zu vertreten, dass diese Liebe unter den gegebenen Umständen keine Chance hat.
- Jedoch bedeutet die Szene für die innere Handlung, die Beziehung zwischen Ferdinand und Luise, einen Wendepunkt. Einen Umschwung, der wiederum der Intrige Wurms entgegenkommt und einen Wendepunkt in der äußeren Handlung bedeutet. Insofern hat Binder mit seiner These recht.

1. → 2. → 3. → **4. Gliederung erstellen** → 5. → 6.

Ordnen Sie Ihre Untersuchungsergebnisse, mit denen Sie Ihre leitende(n) These(n) stützen wollen, in einer übersichtlichen Gliederung an. Beachten Sie die Hinweise zur Gliederung auf S. 12 f.

***Einleitung:***
- Präsentation des Dramenauszugs (Titel, Textsorte, Verfasser, Entstehungszeit bzw. Veröffentlichungsjahr, Thema)
- Deutungsthese formulieren

***Hauptteil:***

**1. Teilaufgabe: Analyse des Dramenauszugs**
- a) Inhaltszusammenfassung und Einordnung in den Gesamtzusammenhang des Dramas
- b) Darstellung der Ergebnisse der aspektorientierten Analyse

**2. Teilaufgabe: Überprüfung der These Binders**
- c) Aussage der These erläutern
- d) Überprüfung der These in Bezug zu den Ergebnissen der ersten Teilaufgabe

***Schluss:***
Ergebniszusammenfassung; persönliche Bewertung der Szene III, 4

1. → 2. → 3. → 4. → **5. Klausur schreiben** → 6.

Schreiben Sie auf der Grundlage Ihrer Gliederung sowie Ihrer übrigen Vorarbeiten die Klausur.

***Einleitung:***
Szene III, 4 aus Friedrich Schillers bürgerlichem Trauerspiel „Kabale und Liebe" von 1784 erfüllt, laut Wolfgang Binder, „die doppelte Funktion der inneren und äußeren Peripetie" und nimmt damit eine zentrale Stelle im Handlungsaufbau des gesamten Stücks ein. Sie stellt gleichsam den Anfang vom Ende der beiden Liebenden Ferdinand und Luise dar.

***Hauptteil:***

**1. Teilaufgabe**
Ferdinand, der mit seinem Vater und dem alten Leben gebrochen hat, versichert Luise eingangs der Szene III, 4, dass für ihn nur die Liebe zu ihr zähle und er mit Luise fliehen möchte. Diese erinnert Ferdinand an seine Pflichten. Sie möchte auch ihren Vater nicht mit auf die Flucht nehmen, weil sie in der Flucht einen

„Frevel" sieht und den „Fluch" und die Verfolgung durch den Präsidenten fürchtet. Ferdinands Herz gehöre, so Luise, seinem Stand. Luise selbst sieht sich aufgrund ihres ursprünglichen Wunsches, mit Ferdinand zusammen zu sein, als Verbrecherin, die nun ihre Strafe (nämlich die Trennung von Ferdinand) erhält. Als Ferdinand angesichts der standhaften Weigerung Luises die Fassung verliert, versucht Luise ihn zu beruhigen und zeichnet das Bild ihrer Zukunft: Walter sollte eine Edle heiraten, ihre eigene Zukunft sei „[l]eer und erstorben" (Z. 53 f.). Noch einmal fragt Ferdinand, ob Luises Entschluss feststehe. Als diese standhaft bleibt, bezichtigt Ferdinand Luise der Lüge und droht ihr, falls sich sein Verdacht, dass Luise einen Liebhaber habe, bestätigen sollte.
Betrachtet man die Szene im Handlungszusammenhang, so zeigt sich, dass aus Ferdinands Sicht der Fluchtgedanke psychologisch nachvollziehbar ist. Wie er eingangs der Szene betont, hat er mit seinem Vater gebrochen (vgl. II, 7: „Kein menschliches Mittel ließ ich unversucht – ich muss zu einem teuflischen schreiten – Ihr führt sie zum Pranger fort, unterdessen (*zum Präsidenten ins Ohr rufend*) erzähl ich der Residenz eine Geschichte, wie man Präsident wird."). Auch für Luise muss das Vergangene prägend gewesen sein – sowohl die Beschimpfungen des Präsidenten („Eine lustige Zumutung! Der Vater soll die Hure des Sohns respektieren. LUISE *(stürzt nieder)*.", II, 6) als auch die fast vollzogene Verhaftung (vgl. II, 7). So ist es nachvollziehbar, dass Luise dieses Gespräch mit der Bitte um einen Gesprächsabbruch eröffnet („Ich bitte dich, höre auf.", Z. 3); diese Bitte wiederholt sie dann noch zweimal: „Brich ab. Nichts mehr." (Z. 13), sowie: „So schweig und verlass mich –" (Z. 20). Während Luise so im ersten Gesprächsteil nur wenig spricht, trägt Ferdinand beinahe allein den Dialog. Im Mittelteil (Z. 20 bis 31) sind die Redeanteile jeweils etwa gleich lang. Danach trägt Luise wesentlich mehr zum Dialog bei, während Ferdinand einsilbig geworden ist. Die Szene zeigt so einen Umschwung in der Gesprächsbeteiligung; die Szene zeigt aber auch einen Umschwung in der Stimmung Ferdinands, dessen anfängliche Liebesbeteuerungen in Beleidigung und Bedrohung umschlagen. Er erlebt, dass hier „kalte Pflicht" auf „feurige Liebe" trifft.
Die Gegenüberstellung von „kalte[r] Pflicht" und „feurige[r] Liebe" ist auch sprachlich charakteristisch: So fallen in der insgesamt gehobenen Sprache neben zahlreichen Bildern (z. B. „Blutgeld des Vaterlands", „unbarmherzig wie ein Gespenst", „Fugen der Bürgerwelt", „am verwelkten Strauß der Vergangenheit riechen") vor allem die vielen Attribute (z. B. „glühende Wange der Freude", „mit frechen, törichten Wünschen", „die süße, schmeichelnde Täuschung", „Das eitle betrogene Mädchen") auf.
Mit „Pflicht" und „Liebe" sind dann auch die beiden Zentralbegriffe der Szene benannt, die begrifflich auffällig kontextualisiert sind: Während die „Liebe" bei Ferdinand auch von „Wut" und „Verzweiflung" begleitet sind, bedeuten die Begriffe „Liebe" und „Herz" für Luise auch „Gram" und „Tränen". Es wird hier sehr schön die innere Befindlichkeit der Figuren sichtbar, die sich im Vergleich zu Szene I, 4 deutlich gewandelt hat.

**2. Teilaufgabe**
Über die bereits dargestellten Wandlungen in der Beziehung hinaus, die in der Szene sichtbar werden, spricht Wolfgang Binder mit Blick auf Szene III, 4 nun von der „inneren und äußeren Peripetie, wie der junge Schiller auch sonst die Mitte betont". Unter „Peripetie", die im 5-Akt-Schema des klassischen Dramas im III. Akt angesiedelt ist, versteht man dabei den zentralen Wendepunkt in einem Drama, den Umschlag der Handlung vom Glück ins Unglück.
In der „Mitte" steht Szene III, 4 schon numerisch, handelt es sich doch um die 18. von insgesamt 37 Szenen im Stück. Darüber hinaus steht die Szene aber auch innerhalb des III. Aktes in der Mitte, nämlich zwischen dem Plan zur Intrige durch Wurm und den Präsidenten und dessen anschließender Umsetzung. Die Szene markiert so

auch den Wendepunkt in der äußeren Handlung, denn für das Gelingen der Intrige müssen sich Wurms Einschätzungen von Ferdinand (vgl. „Ich müsste mich schlecht auf den Barometer der Seele verstehen, oder der Herr Major ist in der Eifersucht schrecklich, wie in der Liebe.", III,1) und Luise (vgl. „Sie liebt ihren Vater – bis zur Leidenschaft, möchte ich sagen.", ebd.) bewahrheiten.
Für Ferdinand trifft dies zu: Der Verdacht Ferdinands, Luise könnte einen Liebhaber haben, ist die notwendige Voraussetzung für das Gelingen der ins Werk gesetzten Intrige. Dass sich seine innere Einstellung geändert hat, seine Liebe nunmehr auch von „Wut" und „Verzweiflung" begleitet sind, wurde bereits dargestellt.
Für Luise gilt die innere Wandlung nur bedingt: Die Szene zeigt zwar auch, dass Luises Einstellung zu den Normen und Werten der bürgerlichen Welt so ist, wie dies Wurm vorhersagt (vgl. „PRÄSIDENT. Einen Eid? Was wird ein Eid fruchten, Dummkopf? – WURM. Nichts bei uns, gnädiger Herr. Bei dieser Menschenart alles.", ebd.) und dies zum Gelingen der Intrige Voraussetzung ist. Doch ist bei Luise insofern kein echter innerer Umschwung zu erkennen, als sie eine Beziehung zu Ferdinand von Beginn an als unrealistisch eingeschätzt hatte(vgl. „Ich entsag ihm für dieses Leben.", I, 3). Wider besseres Wissen hat sie sich ihrer Liebe zu Ferdinand hingegeben, aber nun setzt sich ihr Sinn für das gesellschaftlich Notwendige durch. Eine „innere Peripetie" zeigt sich hierin aber nicht.

***Schluss:***
Betrachtet man die Gesamtkomposition des Dramas, so erweist sich Szene III,4 in mehrfacher Hinsicht als zentral. Sie bildet die numerische und inhaltliche Mitte des Trauerspiels und schafft bei Ferdinand genau jenen Zweifel, der die Voraussetzung für das Gelingen der Intrige ist. Allerdings ist diese Eifersucht nur insofern nachvollziehbar, als sie eine Folge von Ferdinands ausgeprägten Egoismus ist. Die innere Logik der Handlung ergibt sich so eher aus dem Charakter Ferdinands denn aus der Handlung der Szene III,4. Vergleichbares gilt für Luise, die sich in dieser Szene auf ihre Pflicht beruft, wie es ihrem Charakter und ihrer Erziehung entspricht. Szene III,4 zeigt für mich so vor allem, wie fest die Normen und Werte der bürgerlichen Welt in Luise verankert sind: Sie rauben Luise nahezu alle Handlungsmöglichkeiten und damit die (innere) Freiheit. Eine Einschränkung, die weder Ferdinand noch dem Präsidenten Walter (bzw. seinem Sekretär Wurm) angelastet werden kann.

**1.** → **2.** → **3.** → **4.** → **5.** → **6. Klausur überarbeiten**

Teilen Sie sich Ihre Zeit so ein, dass Sie Ihre Klausur am Schluss noch einmal gründlich überarbeiten können. Nutzen Sie dazu die Hinweise zur ersten Musterklausur auf S. 15.

# Musterklausur 3

### Friedrich Schiller: Die Schaubühne als moralische Anstalt betrachtet (1784; Auszug)

Die Gerichtsbarkeit der Bühne fängt an, wo das Gebiet der weltlichen Gesetze sich endigt. Wenn die Gerechtigkeit für Gold verblindet, und im Solde der Laster schwelgt, wenn die Frevel der Mächtigen ihrer Ohnmacht spotten, und die Menschenfurcht den Arm der Obrigkeit bindet, übernimmt die Schaubühne Schwert und Waage, und reißt die Laster vor einen schrecklichen Richterstuhl. Das ganze Reich der Phantasie und Geschichte, Vergangenheit und Zukunft stehen ihrem Wink zu Gebot. [...]

So gewiss sichtbare Darstellung mächtiger wirkt als toter Buchstabe und kalte Erzählung, so gewiss wirkt die Schaubühne tiefer und dauernder als Moral und Gesetze.

Aber hier *unterstützt* sie die weltliche Gerechtigkeit nur – ihr ist noch ein weites Feld geöffnet. Tausend Laster, die jene ungestraft duldet, straft sie; tausend Tugenden, wovon jene schweigt, werden von der Bühne empfohlen. Hier begleitet sie die Weisheit und die Religion. Aus dieser reinen Quelle schöpft sie ihre Lehren und Muster und kleidet die strenge Pflicht in ein reizendes, lockendes Gewand. Mit welch herrlichen Empfindungen, Entschlüssen, Leidenschaften schwellt sie unsere Seele, welche göttlichen Ideale stellt sie uns zur Nacheiferung aus! [...]

Aber der Wirkungskreis der Bühne dehnt sich noch weiter aus. Auch da, wo Religion und Gesetze es unter ihre Würde achten, Menschenempfindungen zu begleiten, ist sie für unsere Bildung noch geschäftig. Das Glück der Gesellschaft wird ebenso sehr durch Torheit als durch Verbrechen und Laster gestört. [...]

Ich kenne nur ein Geheimnis, den Menschen vor Verschlimmerung zu bewahren, und dieses ist – sein Herz gegen Schwächen zu schützen.

Einen großen Teil dieser Wirkung können wir von der Schaubühne erwarten. Sie ist es, die der großen Klasse von Toren den Spiegel vorhält, und die tausendfachen Formen derselben mit heilsamem Spott beschämt. Was sie oben durch Rührung und Schrecken wirkte, leistet sie hier, (schneller vielleicht, und unfehlbarer) durch Scherz und Satire. [...]

Unmöglich kann ich hier den großen Einfluss übergehen, den eine gute stehende Bühne auf den Geist der Nation haben würde. Nationalgeist eines Volks nenne ich die Ähnlichkeit und Übereinstimmung seiner Meinungen und Neigungen bei Gegenständen, worüber eine andere Nation anders meint und empfindet. Nur der Schaubühne ist es möglich, diese Übereinstimmung in einem hohen Grad zu bewirken, weil sie das ganze Gebiet des menschlichen Wissens durchwandert, alle Situationen des Lebens erschöpft, und in alle Winkel des Herzens hinunter leuchtet; weil sie alle Stände und Klassen in sich vereinigt und den gebahntesten Weg zum Verstand und zum Herzen hat. Wenn in allen unseren Stücken ein Hauptzug herrschte, wenn unsre Dichter unter sich einig werden, und einen festen Bund zu diesem Endzweck errichten wollten [...] mit einem Wort, wenn wir es erlebten, eine Nationalbühne zu haben, so würden wir auch eine Nation. [...]

Die Schaubühne ist die Stiftung, wo sich Vergnügen mit Unterricht, Ruhe mit Anstrengung, Kurzweil mit Bildung gattet, wo keine Kraft der Seele zum Nachteil der andern gespannt, kein Vergnügen auf Unkosten des Ganzen genossen wird. Wenn Gram an dem Herzen nagt, wenn trübe Laune unsere einsamen Stunden vergiftet, wenn uns Welt und Geschäfte anekeln, wenn tausend Lasten unsere Seele drücken, und unsre Reizbarkeit unter Arbeiten des Berufs zu ersticken droht, so empfängt uns die Bühne – in dieser künstlichen Welt träumen wir die wirkliche hinweg, wir werden uns selbst wieder gegeben, unsre Empfindung erwacht, heilsame Leidenschaften erschüttern unsere schlummernde Natur, und treiben das Blut in frischere Wallungen.

**Aus:** Friedrich Schiller, *Werke*, Nationalausgabe Bd. XX,1, Weimar 1962, S. 92–100 (Rechtschreibung modernisiert).

**Aufgabenstellung**

1. Analysieren Sie den Text „Die Schaubühne als moralische Anstalt betrachtet", indem Sie die Ziele der „Schaubühne" und deren Mittel zur Umsetzung dieser Ziele herausarbeiten.
2. Überprüfen Sie, inwieweit sich diese Ziele und Mittel im bürgerlichen Trauerspiel „Kabale und Liebe" zeigen.

**1. Erstes Überfliegen des Textes – Aufgabenstellung erfassen** → **2.** → **3.** → **4.** → **5.** → **6.**

Überfliegen Sie den Text von Friedrich Schiller, und verschaffen Sie sich einen ersten Eindruck.

- Wer ist der Autor? In welcher Rolle tritt er auf?
- Welche Form des Sachtextes liegt vor?
- Wann ist der Text veröffentlicht?
- Worum geht es? Welche These wird vertreten?
- Wie wird die These argumentativ gestützt/belegt/erläutert?

Formulieren Sie eine oder mehrere Verstehenshypothesen zum (oder auch Fragen an den) Text.

- Schiller übt Kritik an der weltlichen Gerichtsbarkeit. Sie ist käuflich und schützt die Mächtigen (Z. 2 ff.). Wo die weltliche Gerichtsbarkeit endet, fängt deshalb die Gerichtsbarkeit der Bühne an.
- Schaubühne wirkt durch die sichtbare Darstellung stärker als Moral und Gesetze. Ihr potentielle Wirkung reicht auch weiter als Moral und Gesetze. Sie eignet sich, „den Menschen vor Verschlimmerung zu bewahren", d. h. „sein Herz gegen Schwächen zu schützen" (Z. 19 f.)

Lesen Sie nun die Aufgabenstellung genau durch. Achten Sie dabei vor allem auf die Arbeitsanweisungen (Operatoren).

Die vorliegende Aufgabe gehört zur **Aufgabenart I**, und zwar hier **Typ A**, der so definiert ist: *Analyse eines Sachtextes mit weiterführendem Schreibauftrag*.
**Die erste Teilaufgabe** erfordert eine Analyse mit besonderer Schwerpunktsetzung. Das, was der übergeordnete Operator „analysieren" verlangt (Texterfassung, Textbeschreibung, Textdeutung), ist vor allem im Hinblick auf die Ziele und Mittel der „Schaubühne" zu erschließen. Diese Schwerpunktsetzung ist eine deutliche Hilfestellung, denn hier ist das entscheidende Ziel der Analyse benannt. Sie sollten es bei der gesamten Textbetrachtung nicht aus den Augen verlieren.

**Die zweite Teilaufgabe** baut auf den Analyseergebnissen der ersten auf. Hier geht es darum, die Ergebnisse aus einem Sachtext auf das bürgerliche Trauerspiel „Kabale und Liebe" – also einen literarischen Text – zu beziehen. Das heißt, Sie müssen überprüfen, wie sich die grundsätzlichen Ziele und Mittel des Theaters in einem konkreten Stück zeigen.
In der Gewichtung ist die erste Teilaufgabe bedeutender als die zweite (etwa drei Fünftel zu zwei Fünfteln). Im Abitur würde das über die Punktezahl, die hinter den einzelnen Teilaufgaben steht, deutlich.

1. → **2. Text aspektorientiert erschließen** → 3. → 4. → 5. → 6.

## Teilschritt: Inhalt sichern (→ 1. Teilaufgabe)

Lesen Sie den Text mehrfach, und gliedern Sie ihn in Sinnabschnitte. Dazu sollten Sie sich Schlüsselwörter markieren und Randnotizen machen.

1. Abschnitt (Z. 1–6): Dargestellt wird die Unzulänglichkeit der weltlichen Gerichtsbarkeit: Käuflichkeit der Gerichte (vgl. Z. 1 f.) und deren Parteilichkeit zu Gunsten Mächtiger (vgl. Z. 2 f.): Hier beginne die „Gerechtigkeit der Bühne".
2. Abschnitt (Z. 7–18): Schaubühne wirkt weitgehender als Moral und Gesetze. Sie unterstützt die weltliche Gerechtigkeit, indem sie Laster, Tugenden und überhaupt „Menschenempfindungen" (Z. 16), von denen das Gesetz nichts weiß, auf die Bühne bringt.
3. Abschnitt (Z. 19–24): Schaubühne verfolgt das Ziel, den Menschen vor Verschlimmerung zu bewahren und bedient sich dazu der Mittel „Rührung und Schrecken" sowie „Scherz und Satire" (Z. 23 f.)
4. Abschnitt (25–35): Indem die Schaubühne eine Übereinstimmung hinsichtlich der „Meinungen und Neigungen" eines Volkes schafft, bildet sie einen Nationalgeist aus. Ein Nationaltheater, d. h. eine Bühne für die ganze Nation, würde einheitliche Überzeugungen formen.
5. Abschnitt (Z. 36–44): Schaubühne dient schließlich auch der Unterhaltung und der Entspannung (vgl. Z. 41 f.). Dabei findet der Zuschauer wieder zu sich.

## Teilschritt: Argumentationsstruktur untersuchen (→ 1. Teilaufgabe)

Stellen Sie die Argumentationsstruktur dar.

- Der Text beginnt mit Vorwürfen gegen die weltliche Gerichtsbarkeit und dadurch mit deutlicher Zeitkritik.
- Daraus leitet Schiller ein erstes Ziel der Schaubühne ab: die Gerichtsbarkeit der Bühne fängt da an, wo die weltliche endet. D. h. die Bühne „reißt die Laster vor einen schrecklichen Richterstuhl" (Z. 4 f.)
- Darüber hinaus fällt der Bühne noch ein weit größerer Wirkungskreis zu. Sie straft Laster, befördert Tugenden, kurz: sie stellt Ideale vor, denen nachgeeifert werden soll (Z. 14).
- Zudem soll sie das „Herz gegen Schwächen" schützen (vgl. Z. 19 f.), „der großen Klasse von Toren den Spiegel" vorhalten (Z. 21 f.) und sich zur Nationalbühne erheben (d. h. letztlich ein Nationalbewusstsein schaffen).
- Das Erreichen dieser Ziele scheint möglich, weil die Schaubühne „alle Stände und Klassen in sich vereinigt und den gebahntesten Weg zum Verstand und zum Herzen hat" (Z. 31 f.).
- Die Mittel, um dieses Ziel zu erreichen, sind: „Rührung und Schrecken" sowie „Scherz und Satire" (Z. 23 f.) – d. h. die Schaubühne will den Menschen nicht zuletzt emotional ergreifen, setzt dabei aber auch auf „Vergnügen mit Unterricht" und „Kurzweil mit Bildung" (Z. 36 f.).

Untersuchen Sie, wo und wie Schiller argumentiert. Wo und wie begründet Schiller seine zentralen Thesen, wo stellt er nur Behauptungen auf? Nennen Sie mögliche Gründe für die Art der Argumentation.

- Schillers Text ist in weiten Teilen behauptend bzw. im Falle der Mängel weltlicher Gerichtsbarkeit beschreibend.
- Dass Schiller oft nur Behauptungen aufstellt, liegt daran, dass er über die potenziellen Möglichkeiten der Schaubühne spricht, etwa: „ihr ist noch ein weites Feld geöffnet" (Z. 9), d.h. hier könnte und sollte sie wirken.
- Zentrales Argument für die Wirkung bzw. die Möglichkeiten der Schaubühne ist: Sie erreicht „alle Stände und Klassen" und wirkt, weil sie Verstand und Herz gleichermaßen anspricht (vgl. Z. 31f.).

**Teilschritt: Sprachliche Darstellung untersuchen (→ 1. Teilaufgabe)**

Zur Analyse eines Sachtextes gehört auch die Untersuchung der sprachlichen Darstellung. Allerdings sollte diese nicht isoliert, sondern in ihrer Funktion betrachtet werden.

Stellen Sie charakteristische sprachliche Mittel im Text heraus, und erläutern Sie deren Funktion.

- Der Text enthält viele Übertreibungen und Generalisierungen (z.B. „Tausend Laster", „tausend Tugenden", „die tausendfachen Formen", „tausend Lasten" bzw. „alle Situationen des Lebens", „alle Winkel des Herzens", „alle Stände und Klassen", „in allen unseren Stücken").
- Die Beispiele zeigen zugleich, dass Schiller Wiederholungen gezielt als rhetorisches Mittel einsetzt (vgl. z.B. auch dreimal „wenn" in Z. 32ff. sowie viermal „wenn" in Z. 38ff.).
- Anschauliche und bildhafte Sprache, was zum einen an der anschaulichen Wortwahl selbst liegt (v.a. viele Adjektive, z.B.: „toter Buchstabe und kalte Erzählung", „ein reizendes, lockendes Gewand", „frischere Wallungen"), dann an der Verwendung von sprachlichen Bildern, vor allem von Personifikationen und Metaphern (z.B. „Gerechtigkeit … verblindet", „Toren den Spiegel vorhalt", „schlummernde Natur", „Winkel des Herzens").
- Sprache ist insgesamt – zumindest für heutige Leser – anspruchsvoll; dies liegt neben der Wortwahl (z.B. „Nacheiferung", „Torheit", „sie … erschöpft") auch an den zum Teil sehr komplexen Satzgefügen. (Der letzte Satz des Textes etwa stellt ein komplexes Konditionalgefüge dar und erstreckt sich über immerhin sieben Zeilen).

**Teilschritt: Deutungsthese formulieren (→ 1. Teilaufgabe)**

Formulieren Sie zentrale Deutungsthesen des Textes. Berücksichtigen Sie hierbei die Aufgabenstellung und die Frage nach den Mitteln und Zielen der Schaubühne.

- Schiller weist der Schaubühne drei Ziele zu. Erstens soll sie anklagen, wo es dem weltlichen Gericht versagt ist. Zweitens soll sie bei der Bildung und Verbesserung der Menschen mithelfen, weil sie Laster anprangern und Tugenden zeigen kann sowie dem Menschen und seinen Torheiten einen Spiegel vorhalten kann. Drittens kann sie helfen, ein Nationalbewusstsein zu schaffen, weil auf der Bühne allgemein interessierende Themen verhandelt werden.

1. → 2. → **3. Eigenständige Position entwickeln** → 4. → 5. → 6.

Bei der Bearbeitung der zweiten Teilaufgabe sollten Sie beachten, dass die Aufgabenstellung nahelegt, dass sich zumindest einzelne Ziele und Mittel der Schaubühne tatsächlich auch am Stück nachweisen lassen. Wo dies der Fall ist, sollten Sie dies belegen, d.h., hier ist eine gute Textkenntnis gefragt. Wo dies Ihrer Meinung nach nicht der Fall ist, müssen Sie das entsprechend darstellen.

Überprüfen Sie, inwieweit sich die Ergebnisse der Analyse auf das Trauerspiel „Kabale und Liebe" beziehen lassen. Begründen bzw. belegen Sie jeweils stichwortartig.

- „Kabale und Liebe" enthält wie der Sachtext eine klare Kritik an der weltlichen Gerichtsbarkeit. So verkehrt Präsident Walter in II, 6 geradezu den Sinn des Wortes Gerechtigkeit, wenn er zu Miller sagt: „Die Gerechtigkeit soll meiner Wut die Arme borgen. Für diesen Schimpf muss ich schreckliche Genugtuung haben –".
- Durch den offenen Schluss wird die weltliche Gerichtsbarkeit ersetzt bzw. zur Sache der Zuschauer und Leser gemacht, denn sie müssen sich letztlich selbst ein Urteil über die Figuren und ihre Verfehlungen bilden. Dies gilt insbesondere für Präsident Walter, der sich stellt, dessen Strafe aber ungewiss bleibt.
- „Kabale und Liebe" spricht die Emotionen der Zuschauer bzw. Leser an: „Rührung und Schrecken" mischen sich in erschütternden Szenen wie III, 4 oder V, 7. Niemand wird das Stück ohne innere Anteilnahme lesen oder sehen.
- „Scherz und Satire" werden ganz bewusst eingesetzt (etwa der polternde Auftritt von Miller bei seinem ersten Auftreten oder die selbstgefällige Frau Millerin oder die als Karikatur eines Hofbeamten angelegte Figur des Hofmarschalls von Kalb). Gerade mit der Figur der Millerin und Hofmarschall von Kalb hält „Kabale und Liebe" den „Toren den Spiegel" vor.
- Die Zeit- bzw. Gesellschaftskritik im Stück (vgl. vor allem die Kammerdienerszene, II, 2, in der ein Kammerdiener und Lady Milford vergleichbare Abscheu angesichts der menschenverachtenden Willkürherrschaft empfinden) zeigt sich auch eine Verbindung über Klassen bzw. Stände hinweg und mithin etwas wie ein nationaler Zug.

1. → 2. → 3. → **4. Gliederung erstellen** → 5. → 6.

Vervollständigen Sie die inhaltlichen Aspekte der Gliederung auf der Grundlage Ihrer Vorarbeiten.

***Einleitung:***
- Präsentation des Sachtextes (Titel, Textsorte, Verfasser, Entstehungszeit bzw. Veröffentlichungsjahr, Thema)
- ...

***Hauptteil:***

**1. Teilaufgabe: Analyse des Sachtextes**

a) Inhaltszusammenfassung

b) ...

**2. Teilaufgabe: Überprüfung der Ergebnisse am Stück „Kabale und Liebe"**

c) ...

***Schluss:***

Ergebniszusammenfassung; ...

1. → 2. → 3. → 4. → **5. Klausur schreiben** → 6.

Schreiben Sie auf der Grundlage Ihrer Gliederung sowie Ihrer übrigen Vorarbeiten die Klausur.

***Einleitung:***

Der Text „Die Schaubühne als moralische Anstalt betrachtet" von Friedrich Schiller stammt aus dem Jahr 1784 und damit aus demselben Jahr, in dem sein bürgerliches Trauerspiel „Kabale und Liebe" erstmals aufgeführt wurde. Es liegt somit nahe, die theoretischen Ausführungen Schillers zu den Zielen und Mitteln des Theaters bzw. der „Schaubühne" mit der Gestaltung des konkreten Stücks zu vergleichen.

***Hauptteil:***

**1. Teilaufgabe**

Der Text „Die Schaubühne als moralische Anstalt betrachtet" beginnt mit einer recht deutlichen Kritik an der weltlichen Gerichtsbarkeit: Diese sei käuflich (vgl. „Wenn die Gerechtigkeit für Gold erblindet", Z. 1 f.) und parteiisch zu Gunsten Mächtiger (vgl. „wenn die Frevel der Mächtigen ihrer Ohnmacht spotten", Z. 2 f.). Hier beginne deshalb die „Gerechtigkeit der Bühne". Denn diese wirke tiefer als Moral und Gesetze und unterstütze die weltliche Gerechtigkeit, indem sie Laster, Tugenden und überhaupt „Menschenempfindungen" (Z. 16), von denen das Gesetz nichts weiß, auf die Bühne bringt. Die Schaubühne verfolge das Ziel, den Menschen vor Verschlimmerung zu bewahren und bedient sich dazu der Mittel „Rührung und Schrecken" sowie „Scherz und Satire". Indem die Schaubühne eine Übereinstimmung hinsichtlich der „Meinungen und Neigungen" eines Volkes schafft, könne sie außerdem einen Nationalgeist ausbilden. Eine Schaubühne als Nationalbühne würde eine Nation schaffen. Schließlich diene die Schaubühne auch der Unterhaltung und der Entspannung („in dieser künstlichen Welt träumen wir die wirkliche hinweg", Z. 41 f.).
Der Text ist dabei weniger argumentativ angelegt, sondern vielmehr appellativ. Schon beim ersten Lesen fallen starke Übertreibungen (z. B. „Tausend Laster", „tausend Tugenden", „die tausendfachen Formen", „tausend Lasten") bzw. Verabsolutierungen („alle Situationen des Lebens", „alle Winkel des Herzens", „alle Stände und Klassen", „in allen unseren Stücken") auf, die mit den vielen Wiederholungen (z. B. dreimal „wenn" in Z. 32 ff. sowie viermal „wenn" in Z. 38 ff.) und der insgesamt bildhaften Sprache (vor allem Personifikationen und Metaphern, z. B. „Gerechtigkeit … verblindet", „Toren den Spiegel vorhält", „schlummernde Natur", „Winkel des Herzens") einen rhetorischen Charakter haben.
Gleichwohl enthält der Text auch Argumente. So resultiert nach Schiller die Wirkung der Schaubühne daraus, dass sie „alle Stände und Klassen" erreicht und Verstand und Herz gleichermaßen anspricht (Z. 31 f.).
Welche konkreten Ziele soll die Schaubühne nach Schiller nun verfolgen? Schiller nennt die Gerichtsbarkeit der Bühne, „wo das Gebiet der weltlichen Gesetze sich endigt" (Z. 1), und zwar so, dass sie über die Gesetze hinaus auch weitere Laster und Tugenden umfasst. Die Bühne soll dann das „Herz gegen Schwächen" schützen (vgl. Z. 19 f.), „der großen Klasse von Toren den Spiegel" vorhalten (Z. 21 f.) und sich zur Nationalbühne erheben (d. h. letztlich ein Nationalbewusstsein schaffen). Die Mittel, um diese Ziele zu erreichen, sind: „Rührung und Schrecken" sowie „Scherz und Satire" (Z. 23 f.). Das bedeutet, dass die Schaubühne den Menschen nicht zuletzt emotional ergreifen will, dabei aber auch auf „Vergnügen mit Unterricht" und „Kurzweil mit Bildung" (Z. 36 f.) setzt.

**2. Teilaufgabe**

Vor der eigentlichen Überprüfung, inwieweit sich die im Text „Die Schaubühne als moralische Anstalt betrachtet" dargestellten Mittel und Ziele der Bühne im Stück „Kabale und Liebe" zeigen, muss darauf hingewiesen werden, dass auch das Trauerspiel eine klare Kritik an der weltlichen Gerichtsbarkeit enthält, denn diese Parallelität zwischen Sachtext und Trauerspiel lässt einen Vergleich nur noch naheliegender erscheinen. In Szene II, 2 karikiert Präsident Walter geradezu den Sinn des Wortes Gerechtigkeit, indem er drohend zu Miller sagt: „Die Gerechtigkeit soll meiner Wut die Arme borgen. Für diesen Schimpf muss ich schreckliche Genugtuung haben –".

Ob Präsident Walter an diese spezielle „Gerechtigkeit" denkt, wenn er am Ende des Stückes sagt: „Jetzt euer Gefangener!", muss offenbleiben; klar ist indes, dass der Schluss offen gestaltet ist und die Frage der Gerechtigkeit zur Sache der Zuschauer bzw. Leser gemacht wird, denn diese müssen sich letztlich selbst ein Urteil über die Figuren und ihre Verfehlungen bzw. ihr Verhalten bilden.

Blickt man nun auf die Mittel und Ziele im Einzelnen, so kann festgehalten werden: „Kabale und Liebe" spricht die Emotionen der Zuschauer bzw. Leser an. Zwar sind die Mittel „Rührung und Schrecken" nicht immer im Einzelnen nachzuweisen (auch wenn es natürlich eindeutig „erschütternde" Szenen, wie etwa Szene III, 4, gibt). Als Ganzes aber wird wohl niemand das Stück – und sei es nur aufgrund der Handlungsspannung – ohne innere Anteilnahme und Bewegung lesen. „Scherz und Satire" als Mittel sind nicht so bestimmend für das Stück, werden aber gleichwohl bewusst eingesetzt (etwa der polternde Auftritt von Miller in Szene I, 1 oder die als Karikatur eines Hofbeamten angelegte Figur des Hofmarschalls von Kalb). Insbesondere mit der Figur des Hofmarschalls wird den „Toren auch ein Spiegel" vorgehalten.

Mit Blick auf die Ziele zeigt sich zumindest über die Zeit- bzw. Gesellschaftskritik im Stück (vgl. vor allem die Kammerdienerszene, II, 2, in der ein Kammerdiener und Lady Milford vergleichbare Abscheu angesichts der menschenverachtenden Willkürherrschaft empfinden) eine Verbindung über Klassen bzw. Stände hinweg und mithin etwas wie ein nationaler Zug.

***Schluss:***

Wenn „Kabale und Liebe" auch nicht tausend Tugenden oder tausend Laster (vgl. Z. 10) thematisiert, so mag unabhängig vom zentralen dramatischen Konflikt das Stück für den Einzelnen auch durch die egoistische Liebe Ferdinands oder die Eitelkeit und Dummheit von Hofmarschall von Kalb oder den Mut und das soziale Gewissen der Lady Milford oder die Geldgier von Miller von tieferer Bedeutung sein und zu seiner moralischen Bildung beitragen. Ob also „Kabale und Liebe" dem Anspruch an die Schaubühne als moralischer Anstalt gerecht wird, muss so auch ein Stück weit dem einzelnen Zuschauer bzw. Leser überlassen bleiben.

1. → 2. → 3. → 4. → 5. → **6. Klausur überarbeiten**

Teilen Sie sich Ihre Zeit so ein, dass Sie Ihre Klausur am Schluss noch einmal gründlich überarbeiten können. Nutzen Sie dazu die Hinweise zur ersten Musterklausur auf S. 15.

Überlegen Sie außerdem:

- Ist die Beurteilung hinreichend differenziert? Sind also oberflächliche Urteile, die auf einer subjektiven Meinungsebene liegen (z. B. „Ich finde, dass …", „Ich denke, dass …"), vermieden worden?
- Sind die Ausführungen, vor allem zur zweiten Teilaufgabe, hinreichend durch den Dramentext selbst belegt (Zitate, Verweise auf konkrete Szenen bzw. Auftritte)?

## 1 Vorbemerkung zum Stück

**Schiller und der württembergische Absolutismus**

Friedrich Schillers (*10.11.1759 in Marbach, †9.5.1805 in Weimar) Kindheit und Jugend in Württemberg war zum einen durch den strengen Protestantismus seines Elternhauses, zum anderen durch die despotischen Herrschaftsverhältnisse am Württemberger Hof geprägt. Die Regierungszeit von Herzog Karl Eugen fiel weitgehend mit dem Höhepunkt des Absolutismus zusammen. Karl Eugen machte seinen Hof nicht nur zu einem der glänzendsten in Europa, sondern er trieb Württemberg auch fast in den finanziellen Ruin und forderte von seinen Untertanen strengsten Gehorsam. So musste Schiller 1773 die Lateinschule auf Befehl des Herzogs verlassen, um an der Militärakademie zunächst Jura, dann Medizin zu studieren und anschließend (ab 1780) als Regimentsarzt in Stuttgart zu dienen.

**Stückidee im Arrest**

Als Schiller ohne Erlaubnis eine Aufführung seines Stückes „Die Räuber“ in Mannheim besucht, erhält er einen zweiwöchigen Arrest (im Juli 1782), in dem er das Stück „Kabale und Liebe“ konzipiert haben soll. Einige Wochen später, am 24.9.1782, flieht Schiller gemeinsam mit seinem Freund Andreas Streicher, dem er von seinem geplanten Stück erzählt hatte, vor den militärischen und despotischen Zwängen aus Württemberg. Im Oktober 1782 schreibt Schiller das Stück „Luise Millerin“ in wesentlichen Teilen. Am 14. Januar 1783 meldet Schiller dem Mannheimer Stadttheater die Fertigstellung, doch der Intendant des Theaters, Dalberg, hat Änderungswünsche, die Schiller bis Juli 1783 vornimmt. Im August 1783 befindet sich Schiller in Mannheim, wo er auf einer Gesellschaft Dalbergs aus seinem Stück vorliest. Auf Vorschlag des Schauspielers und Theaterdichters August Wilhelm Iffland bekommt das Stück seinen endgültigen und für das damalige Theaterpublikum zugkräftigeren Titel, „Kabale und Liebe“. Es folgen noch weitere kleinere Umarbeitungen, mit denen Schiller im Wesentlichen den Text an die Mannheimer Verhältnisse und die dortigen Schauspielerinnen und Schauspieler anpasst. Die Uraufführung von „Kabale und Liebe“ fand am 13.4.1784 durch die Großmannsche Schauspielergesellschaft in Frankfurt und zwei Tage später, am 15.4.1784, am Mannheimer Theater statt, wo das Stück vom Premierenpublikum begeistert aufgenommen wurde.

## 2 Handlung

**I. Akt**

Ferdinand, Major und Sohn des Präsidenten von Walter, eines hochgestellten Adeligen an einem nicht namentlich benannten Fürstenhof, und Luise, die Tochter des Musikus' Miller und dessen Frau, sind ineinander verliebt. Während sich Luise jedoch der Problematik dieser nicht standesgemäßen Beziehungen bewusst ist („Ich entsag ihm für dieses Leben.“, I,3), glaubt Ferdinand, sich über die äußeren Zwänge hinwegsetzen zu können („Ich fürchte nichts – nichts – als die Grenzen deiner Liebe.“, I,4).

Als Wurm, der Haussekretär des Präsidenten von Walter, der selbst gerne Luise heiraten würde und deshalb auch schon bei Vater Miller vorstellig war, den Präsidenten über die Beziehung Ferdinands zu Luise informiert, spinnt Präsident Walter eine Intrige: Ferdinand soll Lady Milford, die erste Geliebte des Fürsten, heiraten, wodurch sich des Präsidenten Stellung am Hof weiter festigen würde. Hofmarschall von Kalb wird – gleichsam um Tatsachen zu schaffen – sogleich gebeten, die neue Beziehung am Hof bekannt zu machen.

In der Schlussszene des I. Aktes konfrontiert Präsident Walter seinen Sohn mit seinen Heiratsplänen und entlockt ihm zugleich das Geständnis, Luise zu lieben. Unter Aufbietung aller Autorität („Junge, ich sage dir, du wirst dort sein, oder fliehe meinen Zorn.“, I,7) zwingt der Präsident Ferdinand, Lady Milford seine Aufwartung zu machen.

**II. Akt**

Lady Milford liebt Ferdinand wirklich, wie sie ihrer Kammerjungfer Sophie eröffnet: „Die Verbindung mit dem Major – Du und die Welt stehen im Wahne, sie sei eine Hofkabale – Sophie – erröte nicht […] – sie ist das Werk – meiner Liebe.“ (II,1) Umso schockierter ist sie, als ihr Ferdinand seine Verach-

tung zeigt. Durch diese Kränkung und die Antwort Lady Milfords („Das hab ich nicht verdient.", II,3) ändert sich der Ton des Gesprächs: Lady Milford verdeutlicht Ferdinand ihre segensreiche Wirkung am Hofe („Walter, ich habe Kerker gesprengt – habe Todesurteile zerrissen", II,3), Ferdinand seinerseits gesteht der Lady seine Liebe zu Luise. Gleichwohl endet das Gespräch mit einer Drohung („Rechten Sie mit Ihrem Vater. Wehren Sie sich, so gut sie können. – Ich lass alle Minen sprengen.", II,3).
Im Hause der Millers herrscht nach dem Bekanntwerden der Beziehung zwischen Luise und Ferdinand Angst vor Repressalien. Und tatsächlich besucht Präsident Walter die Millers, um ihnen zu drohen („Es stehen noch Galgen leer.", II,7). Der ebenfalls anwesende Ferdinand kann die Verhaftung von Luise nur verhindern, indem er seinerseits dem Vater droht: „Ihr führt sie zum Pranger fort, unterdessen […] erzähl ich der Residenz eine Geschichte, wie man Präsident wird." (II,7), worauf der Präsident Luise wieder freilässt.

**III. Akt**

Nachdem auf diese Weise der ursprüngliche Plan des Präsidenten gescheitert ist, fädelt Wurm eine zweite Intrige ein: Luise soll unter Zwang eine Liebesbotschaft an Hofmarschall von Kalb verfassen. Von Kalb, der zur Teilnahme an diesem Komplott genötigt wird, soll die Botschaft so liegen lassen, dass sie Ferdinand finden muss. Um ein Druckmittel auf Luise zu haben, werden Vater und Mutter Miller verhaftet.

**Schlüsselszene III,4**

Noch bevor Luise gezwungen wird, diesen Brief zu schreiben, kommt es zu einem Gespräch zwischen ihr und Ferdinand, der Luise drängt, mit ihm zu fliehen („Mein Vaterland ist, wo mich Luise liebt.", III,4). Doch Luise erinnert Ferdinand nicht nur an seine Pflicht: „Und hättest du sonst keine Pflicht mehr, als deine Liebe?" (III,4), sondern nennt auch ihre eigenen Pflichten: „Ich habe einen Vater, der kein Vermögen hat, als diese einzige Tochter – der morgen sechzig alt wird – der der Rache des Präsidenten gewiss ist." (III,4) Auch das Angebot Ferdinands, Luises Vater mitzunehmen, kann Luise nicht umstimmen: „Wenn nur ein Frevel dich mir erhalten kann, so hab ich noch die Stärke, dich zu verlieren." (III,4) Ferdinand jedoch verkennt die innere Zerrissenheit Luises und vermutet, Luise wolle wegen eines Liebhabers zurückbleiben („Kalte Pflicht gegen feurige Liebe! – Und mich soll das Märchen blenden?", III, 4).
Die beiden Schlussszenen des Aktes zeigen die weitere Ausführung der eingangs gesponnenen Intrige. Luise, die noch nichts von der Verhaftung ihrer Eltern weiß, erhält Besuch von Wurm. Dieser zwingt sie, wie geplant, die falsche Liebesbotschaft an von Kalb zu verfassen. Szene III,6 verdeutlicht dabei nicht nur den ganzen perfiden Charakter der Kabale, sondern auch Luises innere Not in dieser Situation: „Nein! Nein! Nein! Das ist tyrannisch, o Himmel!" Dass Kalb dabei den Charakter von Luise – wie sich in Szene V,2 zeigen wird – richtig einschätzt, erweist sich, als er abschließend von ihr fordert: „Nur noch eine Kleinigkeit, Jungfer. Sie müssen mit mir, und das Sakrament darauf nehmen, diesen Brief für einen freiwilligen zu erkennen.", worin Luise gezwungenermaßen einwilligt („Gott! Gott! und du selbst musst das Siegel geben, die Werke der Hölle zu verwahren?" (III,6)

**IV. Akt**

Wie von Wurm und dem Präsidenten beabsichtigt, findet Ferdinand Luises Brief. Ferdinand sieht seinen Verdacht bestätigt („Das also wars, warum man sich so beharrlich der Flucht widersetzte!", IV,2) und sinnt auf Rache. Zunächst an von Kalb, den er zum Duell fordern möchte. Obwohl ihm der Hofmarschall in dieser Szene (IV,3) aus Angst die Wahrheit gesteht, ist Ferdinand zu überzeugt von Luises vermeintlichem Betrug, als dass er von Kalb glaubt, den er schließlich voller Verachtung („Für deinesgleichen ist kein Pulver erfunden!", IV,3) wieder verlässt.
Der folgende Monolog zeigt Ferdinands Verblendung im ganzen Ausmaß; er plant nun die Vereinigung mit Luise durch den Tod („Die Vermählung ist fürchterlich – aber ewig!", IV,4). Zuvor jedoch möchte er seinen Vater noch um Verzeihung bitten. Als ihm der Präsident vorheuchelt, nun nichts mehr gegen eine Verbindung Ferdinands mit Luise einwenden zu wollen („Ich rechne ihre Tugend für Ahnen, und ihre Schönheit für Gold. […] Sie sei dein!", IV,5), stürzt Ferdinand aus dem Zimmer.
In Szene IV,7 kommt es zum Gespräch zwischen Lady Milford und Luise. Lady Milford, die Luise zu sich befohlen hat, bietet Luise die Stelle als Kammerjungfer an, die diese jedoch stolz ablehnt („… welche Folter für Sie, im Gesicht Ihres Dienstmädchens die heitre Ruhe zu lesen, womit die Unschuld ein reines Herz zu belohnen pflegt.", IV,7). Da Lady Milford um die moralische Verworfenheit des Hofes weiß und zugleich die innere Größe Luises erkennt, bietet sie sich Luise als Freundin an, wenn diese Ferdinand entsagt. Damit aber verkennt sie Luises Absicht: „*Freiwillig* tret ich Ihnen ab den Mann, den man mit Haken der Hölle von meinem blutenden Herzen riss. […] Reißen Sie ihn zum

Altar – Nur vergessen Sie nicht, dass zwischen Ihren Brautkuss das Gespenst einer Selbstmörderin stürzen wird", IV, 7). Nun erst erkennt Lady Milford, in welcher inneren Situation sich Luise befindet. Erschüttert beschließt sie, den Hof zu verlassen und zu ihrem früheren Leben als arme, aber stolze Britin Johanna von Norfolk zurückzukehren.

**V. Akt**

Miller, inzwischen aus der Haft entlassen, findet Luise zu Hause. Nach und nach begreift er, dass sich Luise zum Selbstmord entschlossen hat, von dem Miller sie nur dadurch abbringen kann, indem er Luise zwingt, sich zwischen ihm und dem Tod zu entscheiden („Wenn die Küsse deines Majors heißer brennen, als die Tränen deines Vaters – stirb!", V, 1). Nach *„einem qualvollen Kampf mit einiger Festigkeit"*, wie es in der Regieanweisung heißt, entscheidet sich Luise schließlich für ihren Vater, möchte aber die Stadt verlassen, weil sie Spott fürchtet.
In dieser Situation stößt Ferdinand zu den Vorigen. Er konfrontiert Luise mit der von ihr erpressten Liebesbotschaft und will wissen, ob Luise diese wirklich geschrieben hat. Luise, bei der durch das Erscheinen Ferdinands der eben gefasste Entschluss, gemeinsam mit dem Vater die Stadt zu verlassen, ins Wanken gerät, gibt dies zu, ohne sich allerdings weiter zu erklären, wie es ihrem Charakter entspricht (sie hatte ja Wurm gegenüber geschworen, den Brief als freiwilligen anzuerkennen). Zugleicht zeigt sich hier aber auch, wie sehr sich Luise bereits von Ferdinand entfremdet hat.
Als Ferdinand seinen Verdacht auf diese Weise bestätigt sieht, fasst er den Entschluss, Luise und sich selbst zu töten. Er bittet Luise, etwas Limonade zurecht zu machen.
Die folgenden drei Szenen (V, 3 – V, 5) haben einen verzögernden Charakter, obschon sie noch einmal Ferdinands Charakter (und den von Vater Miller) sehr anschaulich beleuchten. Ferdinand fragt sich, ob er einem Vater seine einzige Tochter nehmen könne, und kommt zum Schluss: „... ich verdiene noch Dank, dass ich die Natter zertrete, ehe sie auch noch den Vater verwundet." (V, 4) Als schließlich Luise mit der Limonade zurückkommt, lenkt Ferdinand Vater und Tochter unter einem Vorwand ab und schüttet das Gift in die Limonade.
Szene V, 7 lässt die ganze Entfremdung zwischen Luise und Ferdinand offenbar werden. Gekränkt von Luises gespielter Gleichgültigkeit trinkt Ferdinand schließlich seine Limonade und fordert Luise *„gebieterisch"* auf, ebenfalls zu trinken. Gleichwohl dringt er weiter mit Fragen in Luise ein („Warum hast du mir das angetan?") – Als Luise schließlich übel wird, bestätigt Ferdinand, sie (und sich) vergiftet zu haben. In der Todesstunde fühlt sich Luise nicht mehr an Eide gebunden, sie offenbart Ferdinand die Wahrheit über den Brief und damit auch über den Präsidenten.
In der Schlussszene beschuldigt Ferdinand seinen Vater als Verantwortlichen für den Tod Luises. Dieser will die Schuld zunächst auf Wurm abwalzen. Wurm jedoch will „Arm in Arm" mit dem Präsidenten Walter zum „Blutgerüst" und „zur Hölle" gehen und kündigt an: „Ich will Geheimnisse aufdecken, dass denen, die sie hören, die Haut schauern soll." (V, 8) Im Bewusstsein seines Verderbens wendet sich Präsident Walter noch einmal an seinen sterbenden Sohn, der ihm die Hand reicht und ihm somit vergibt. Nun stellt sich der Präsident der irdischen Gerichtsbarkeit.

## 3 Die Komposition des Dramas

Die Komposition des Dramas folgt sowohl einer starken Symmetrie als auch einer strengen Gegensätzlichkeit:

| | Ort | Personen | Ort | Personen |
|---|---|---|---|---|
| **I. Akt** | I, 1 – I, 4:<br>Zimmer beim Musikus | I, 1 – I, 4:<br>Miller, Frau, *Wurm*, **Luise, Ferdinand** | I, 5 – I, 7:<br>*Saal beim Präsidenten* | I, 5 – I, 7:<br>*Präsident, Wurm, von Kalb, Ferdinand* |
| **II. Akt** | II, 1 – II, 3:<br>*Saal im Palais der Lady Milford* | II, 1 – II, 3:<br>*Lady Milford*, Sophie, Kammerdiener, *Ferdinand* | II, 4 – II, 7:<br>Zimmer beim Musikanten | II, 4 – II, 7:<br>Miller, Frau, **Luise, Ferdinand**, *Präsident, Gerichtsdiener* |
| **III. Akt** | III, 1 – III, 3:<br>*Saal beim Präsidenten* | III, 1 – III, 3:<br>*Präsident, Wurm, von Kalb* | III, 4 – III, 6:<br>Zimmer in Millers Wohnung | III, 4 – III, 6:<br>Luise, Ferdinand, *Wurm* |

| | Ort | Personen | Ort | Personen |
|---|---|---|---|---|
| IV. Akt | IV, 1 – IV, 5: *Saal beim Präsidenten* | IV, 1 – IV, 5: *Ferdinand*, Kammerdiener, *von Kalb, Präsident* | IV, 6 – IV, 9: *Saal bei der Lady* | IV, 6 – IV, 9: *Lady Milford*, Sophie, Luise, Kammerdiener, Bediente |
| V. Akt | V, 1 – V, 8: Zimmer beim Musikanten | V, 1 – V, 8: **Luise, Ferdinand**, Miller, *Präsident, Wurm*, Volk, Bediente, Gerichtsdiener | | |

**Symmetrie und Gegensatz**

In den ersten drei Akten wechseln die Handlungsorte symmetrisch zwischen den gegensätzlichen Welten des Bürgertums und des absolutistischen Hofes. Der IV. Akt bildet hier nur scheinbar eine Ausnahme. Zwar sind sowohl der „Saal beim Präsidenten" als auch der „Saal bei der Lady" der Welt des absolutistischen Hofes zuzuordnen, doch vollzieht sich in der Szenenfolge, die im „Saal bei der Lady" spielt, ja gerade die Abkehr von Lady Milford (sowie von Sophie) von eben dieser Welt. Auffällig ist überdies, dass außer Lady Milford selbst in den Szenen 6 bis 9 des IV. Aktes nur Vertreter der bürgerlichen Welt auftreten.

**Privatsphäre versus öffentlicher Raum**

Noch einmal anders gestaltet sich der Fall im V. Akt. Hier geht es nicht um den Gegensatz zwischen der bürgerlichen Welt und der Welt des Hofes, sondern um den Gegensatz zwischen privat und öffentlich. Eingangs des V. Aktes sitzt Luise, so die Regieanweisung zu V, 1, allein *„in dem finstersten Winkel des Zimmers"*. In der Regieanweisung zur letzten Szene dagegen heißt es: *„Ferdinand. Der Präsident. Wurm und Bediente, welche alle voll Schrecken ins Zimmer stürzen, darauf Miller mit Volk und Gerichtsdiener, welche sich im Hintergrund sammeln."* (V, 8) Nicht nur, dass ein gewöhnliches „Zimmer beim Musikanten" (in dem sich überdies noch der Leichnam Luises befindet) diesen gewaltigen Auftritt nicht fassen könnte, fällt auf, sondern vor allem, dass *„Miller mit Volk"* die Szenerie betritt. Man muss sich so dieses „Zimmer" als einen großen, öffentlichen (bevölkerten) Raum – vergleichbar einem Marktplatz oder eben einer Theaterbühne – vorstellen.

**Saal des Präsidenten als Ort der Intrige**

Ein genauerer Blick auf die Auftritte der verschiedenen Figuren auf den Schauplätzen (Figuren und Handlungsorte der Welt des Hofes sind in der Übersicht oben kursiv gedruckt) zeigt, dass es nur drei Szenenfolgen gibt, in denen fast ausschließlich Figuren auftreten, die dem Hof zuzuordnen sind. Es sind dies die drei Szenen im „Saal des Präsidenten" und damit die Szenen, in den die Intrigen gegen Luise und Ferdinand gesponnen werden: I, 5 – I, 7 (Intrige des Präsidenten: Ferdinand soll Lady Milford heiraten), III, 1 – III, 3 (Intrige von Wurm: Luise soll gezwungen werden, Ferdinand eifersüchtig zu machen) und IV, 1 – IV, 5 (der Präsident erklärt sich heuchlerisch mit der Verbindung von Luise und Ferdinand einverstanden).

**III. Akt als Zentrum des Dramas**

Unter dem Gesichtspunkt der Kabale erweist sich also der III. Akt als zentral, denn hier wird jene Intrige ins Werk gesetzt, die sich insofern als erfolgreich erweist, als eine irdische Verbindung zwischen Luise und Ferdinand unmöglich geworden ist. Dies gilt aber auch unter dem Gesichtspunkt der Liebe. Betrachtet man noch einmal gesondert die Szenenfolgen, in denen Ferdinand und Luise einen gemeinsamen Auftritt haben (in der Übersicht oben durch den Fettdruck der Namen hervorgehoben), ergibt sich folgendes Bild: I, 1 – I, 4 (das erste Bild der beiden Liebenden), II, 4 – II, 7 (der Liebesschwur Ferdinands und die Verteidigung Luises gegen den Vater), III, 4 – III, 6 (Ferdinands Fluchtpläne und Luises Pflichtverständnis; Ferdinands Zweifel an Luises Aufrichtigkeit) und schließlich V, 1 – V, 8 (Tod der beiden, zugleich Aufdeckung der wahren Zusammenhänge). Die Bedeutung der Szenenfolge III, 4 – III, 6 und insbesondere der Szene III, 4 erschließt sich vor allem dann, wenn man sich vergegenwärtigt, dass es letztlich Ferdinands Zweifel an Luises Aufrichtigkeit sind, die schließlich zum Tode der beiden führen.

**Auf einen Blick**

- **Die Komposition des Dramas zeigt sowohl symmetrische als auch gegensätzliche (dialektische) Züge.**
- **Der V. Akt weitet sich vom intimen oder doch zumindest privaten Raum des Anfangs (Szene V, 1) ins Öffentliche (Schlussszene).**
- **Der III. Akt hat eine Schlüsselfunktion sowohl für den Gang der Kabale als auch für die Entwicklung der Liebe.**

# 4 Figuren und Figurenkonstellation

Entsprechend der damals üblichen Theaterpraxis führt Schiller im Verzeichnis der dramatischen Personen (*dramatis personae*) die Figuren in der Reihenfolge ihres gesellschaftlichen Ranges auf. Diese Auflistung hat aber nichts mit der tatsächlichen Bedeutung der Figuren im Stück zu tun. Nimmt man dagegen die Häufigkeit und die Verteilung der Auftritte der Figuren (siehe dazu die Übersicht auf Seite 34f.) in den Blick, zeigt sich, dass es nur drei Figuren gibt, die in allen Akten auftreten: Luise, Ferdinand und Präsident Walter.

### Luise

**Standesbewusstsein Luises**

Luise, 16-jährige Tochter des Musikanten Miller, ist die zentrale Gestalt des Dramas. Charakterisiert ist sie zunächst durch die starke Bindung an ihren bürgerlichen Stand. Aufschlussreich ist hier vor allem das Gespräch mit Lady Milford (IV,7). Luise verneint dort nicht nur, über ihre Herkunft zu erröten, sondern fragt die Lady auch sehr direkt: „Hat dieses Herz auch die lachende Gestalt Ihres Standes? Und wenn wir jetzt Brust gegen Brust, und Schicksal gegen Schicksal auswechseln sollten – und wenn ich in kindlicher Unschuld – und wenn ich auf Ihr Gewissen – und wenn ich als meine Mutter Sie fragte – würden Sie mir wohl zu dem Tausche raten?" Luise zeigt hier durchaus etwas von der „Größe", die ihr Lady Milford gleich mehrfach zuspricht (vgl. etwa auch: „O Luise, edle, große, göttliche Seele!", IV,7).

**Luise und Ferdinand**

Luise hat eine klare Einsicht in die gesellschaftliche Unmöglichkeit ihrer Liebe zu Ferdinand. Bereits bei ihrem ersten Auftritt formuliert sie: „Ich entsag ihm für dieses Leben. Dann, Mutter – dann, wenn die Schranken des Unterschieds einstürzen – wenn von uns abspringen all die verhasste Hülsen des Standes – […] Ich werde dann reich sein." (I,3). Es ist ein Aspekt von Luises innerer Zerrissenheit, dass diese Einsicht gepaart ist mit einer innigen und geradezu leidenschaftlichen Liebe zu Ferdinand („Damals – o damals ging in meiner Seele der erste Morgen auf. Tausend junge Gefühle schossen aus meinem Herzen …", I,3).

**Luise und ihr Vater**

Anders geartet, wenn auch – wie Wurm erkannt hat: „Sie liebt ihren Vater – bis zur Leidenschaft, möchte ich sagen. (III,1) – ebenfalls von Leidenschaft bestimmt, ist Luises Liebe zu ihrem Vater, die nicht zuletzt durch religiöse und gesellschaftliche Normen getragen ist. Auch dies trägt zur inneren Zerrissenheit Luises bei, steht sie doch zwischen den Ansprüchen Ferdinands und Forderungen des Vaters. Während sich aber Ferdinand im Laufe des Dramas mehr und mehr von seinem Vater emanzipiert, ordnet sich Luise den Ansprüchen ihres Vaters mehr und mehr unter.

Angesichts der inneren Konflikte erweisen sich Luises Standhaftigkeit (etwa wenn sie sich im Gespräch mit Ferdinand an einen unter Zwang gegebenen Eid gebunden fühlt) und ihre Aufrichtigkeit (etwa ihre offene Art im Gespräch mit Lady Milford) als wesentliche Charaktermerkmale. Gerade das Gespräch mit Lady Milford zeigt Luise noch von einer ganz anderen Seite, nämlich kritisch, schlagfertig und ironiefähig („Verzeihen Sie, gnädige Frau – Ich war soeben im Begriff, diesen prächtig blitzenden Rubin zu beweinen, der es nicht wissen muss, dass seine Besitzerin so scharf wider Eitelkeiten eifert.", IV,7). Luise ist so eine durchaus facettenreiche Figur, der es nicht an intellektueller Schärfe fehlt. Man kann in Luise deshalb – zumindest was ihre gesellschaftlichen Äußerungen anbelangt – die Stimme des jungen Friedrich Schiller sehen.

### Ferdinand

**Ferdinands Einstellung zur Welt des Hofes**

Als Sohn des Präsidenten Walter hat Ferdinand bereits in jungen Jahren rasche Karriere am Hofe gemacht, die, nach dem Willen des Vaters, weiter ganz nach oben führen soll: „Du bist im zwölften Jahr Fähndrich. Im zwanzigsten Major. Ich hab es durchgesetzt beim Fürsten. Du wirst die Uniform ausziehen, und in das Ministerium eintreten. […] Eine herrliche Aussicht dehnt sich vor dir." (I,7). Doch Ferdinand hat sich von der Welt des absolutistischen Hofs entfremdet, weil er die Praktiken am Hof im Allgemeinen und die seines Vaters im Besonderen kennt und verabscheut (Wurm: „Er verabscheut das Mittel, wodurch Sie gestiegen sind.", III,1). Er ist, wie erneut Wurm feststellt, geleitet von „phantastischen Träumereien von Seelengröße und persönlichem Adel" (ebd.). Ferdinand vertritt damit wie Luise auch Ideale der bürgerlichen Aufklärung, indem er Werte wie Ehre oder Adel als moralisch-ethische und nicht als ständische Werte begreift.

Da Ferdinand außerdem über ein großes Selbstbewusstsein verfügt, ist es vor dem Hintergrund dieser Einstellung nicht überraschend, dass er, gemeinsam mit Luise, der absolutistischen Welt des

Hofes entfliehen und mit dessen Normen brechen will („Der Sohn wird den Vater in die Hände des Henkers liefern – Es ist die *höchste* Gefahr – – und die höchste Gefahr musste da sein, wenn meine Liebe den Riesensprung wagen sollte.", III, 4).

**Ferdinands „Liebe" zu Luise**

Die zuletzt zitierte Textstelle ist noch aus einem weiteren Grund charakteristisch für Ferdinand und seine Einstellung zu Luise, spricht er doch von „meiner Liebe" – statt, wie man erwarten dürfte, von „unserer Liebe". Ferdinands egozentrischer Liebesanspruch gegenüber Luise ist von Beginn an spürbar. Was anfangs jedoch noch als ausdrucksstarkes Bild der eigenen Gefühlswelt gesehen werden kann („Mir vertraue dich. Du brauchst keinen Engel mehr", I, 4), erweist sich im Fortgang der Handlung immer mehr als ein Anspruch, der die absolute Unterwerfung Luises unter seine Wünsche fordert, sodass aus dem „Engel" ein „Gott" wird (vgl. „Schwelgtest, wo ich einen Gott mich fühlte?", IV, 3). Wie der Haussekretär Wurm schon Luises starke Bindung an den Vater von Anfang an durchschaut hatte, schätzt er auch Ferdinand richtig ein: „Ich müsste mich schlecht auf den Barometer der Seele verstehen, oder der Herr Major ist in der Eifersucht schrecklich, wie in der Liebe." (III, 1) Ferdinands Eifersucht und Selbstbezogenheit lassen ihn seinen eigenen Willen und seine eigenen Wünsche absolut setzen, er unternimmt so noch nicht einmal den Versuch, Luises innere Konflikte zu verstehen.

## Präsident

**Walter als Machtmensch**

Die Figur des Präsidenten Walter ist auf den ersten Blick leicht zu fassen: In ihm wird dem Zuschauer ein Machtpolitiker schlimmster Prägung vorgestellt, der seine eigene Position nicht nur auf verbrecherische Weise erlangt hat („Wem hab ich durch die Hinwegräumung meines Vorgängers Platz gemacht – eine Geschichte, die desto blutiger in mein Inwendiges schneidet, je sorgfältiger ich das Messer der Welt verberge.", I, 7), sondern der in diesem Machtspiel nicht einmal davor zurückschreckt, den eigenen Sohn wie eine Figur in einem Schachspiel zu instrumentalisieren: „Mein ganzer Einfluss ist in Gefahr, wenn die Partie mit der Lady zurückgeht, und wenn ich den Major zwinge, mein Hals." (III, 1)
Der Präsident ist im Machtgefüge des Hofes aber zugleich selbst ein Getriebener, der gezwungen ist, seine Position immer aufs Neue zu verteidigen bzw. diese zu festigen, und der sich hierbei in Abhängigkeiten begeben muss („Er weiß, Wurm, wie sehr sich mein Ansehen auf den Einfluss der Lady stützt – wie überhaupt meine mächtigsten Springfedern in die Wallungen des Fürsten hineinspielen.", I, 5), auch in eine Abhängigkeit von Wurm, der nicht nur um die Verbrechen des Präsidenten weiß, sondern ihn auch im eigenen Sinne instrumentalisiert, um schließlich Luise doch noch heiraten zu können.

**Offener Schluss**

Am Schluss hat der Präsident alles verloren, nicht nur sein Amt und seinen Einfluss, sondern vor allem seinen Sohn. Wie es jedoch um die innere Verfassung des Präsidenten in dieser Situation bestellt ist, ist völlig offen. Bereut er und erlangt er tatsächlich die Vergebung seines Sohnes Ferdinand? Oder inszeniert der Präsident sich bis zum Schluss selbst und erlangt keine Einsicht in sein Fehlverhalten?

## Wurm und Kalb

Die sprechenden Namen der beiden Figuren deuten karikaturistische Züge in der Gestaltung an. Dies trifft auf den Hofmarschall von Kalb auch zu. Seine Existenz hängt von der Gnade des Herzogs ab („Sie sind ein Stuttierter! Aber ich? – Mon Dieu! Was bin dann ich, wenn mich seine Durchleucht entlassen?", III, 2) und mit geradezu lächerlich anmutender Ernsthaftigkeit betreibt er „dringende Geschäfte" wie „das Arrangement der Partien auf die heutige Schlittenfahrt" (I, 6). Vom Präsidenten lässt sich von Kalb instrumentalisieren, Ferdinand bezeichnet ihn zu Recht als „Memme" (IV, 3).

**Wurm**

Wurm ist als Figur dagegen vielschichtiger. Er steht als Haussekretär des Präsidenten in enger Beziehung zur absolutistischen Welt des Hofes, als Bewerber um die Hand Luises aber auch in enger Beziehung zur bürgerlichen Welt. In Bezug auf Luise und die Sexualmoral macht er, wie er dem Präsidenten gesteht, „gern den Bürgersmann" (I, 5). Ihm ist aber auch jedes Mittel der höfischen Kabale recht, um Luise überhaupt für sich zu gewinnen („Vater und Mutter […] erkennen [es] noch zuletzt für Erbarmung, wenn ich der Tochter ihre Reputation wiedergebe.", III, 1). Gerade weil er die Verhältnisse im Hause Miller so gut kennt, kann er mit geradezu teuflischer Kaltherzigkeit eine Intrige ins Werk setzen, die selbst dem Präsidenten Respekt abnötigt („Das Geweb ist satanisch fein. Der Schüler übertrifft seinen Meister – –", III, 1).

### Lady Milford

Lady Milford ist die erste Mätresse (Geliebte) des Herzogs, was ihr ein angenehmes Leben verschafft, das sie auch genießt. Ihre Rolle nutzt sie aber auch, um der ausgebeuteten Bevölkerung des Landes zu helfen. Obschon sie vom Intrigenspiel am Hofe profitiert und auch daran beteiligt ist, vertritt sie letztlich andere Werte. Ihr ist nicht nur die Ausbeutung des Landes ein Gräuel, wie vor allem die Kammerdienerszene (II, 2) zeigt, sondern sie sehnt sich auch nach einer idealistischen Liebe, in der sie, ganz wie eine Bürgersfrau, aufgehen kann (II, 1).

**Lady Milford und Ferdinand**

Eben diese Liebe empfindet Lady Milford gegenüber Ferdinand. Sie hofft auf ein neues Leben, das den Vorstellungen Ferdinands in Bezug auf Luise verblüffend ähnlich ist („Lass mich aus seinem Mund es vernehmen, dass die Tränen der Liebe schöner glänzen in unseren Augen […] und ich werfe dem Fürsten sein Herz und sein Fürstentum vor die Füße, fliehe mit diesem Mann, fliehe in die entlegenste Wüste der Welt – –" (II, 1). Auch wenn Lady Milford um Ferdinand kämpft und versucht, Luise einzuschüchtern (IV, 7), siegt schließlich doch ihr Herz. Sie bricht mit ihrem bisherigen Leben.

### Miller und seine Frau

Miller ist als Berufsmusiker fest im ständischen Bürgertum verankert; dies gilt auch für seine Wertewelt. Als Familienoberhaupt hat Miller auch über eine mögliche Heirat seiner Tochter zu bestimmen. Hier erweist sich Miller als so fortschrittlich, Luise keine Ehe aufzuzwingen (insbesondere nicht die mit Wurm: „Ich zwinge meine Tochter nicht.", I, 2).

**Miller und Luise**

Miller liebt seine Tochter zwar „abgöttisch" (vgl. „Wenn ich mein Herz zu abgöttisch an diese Tochter hing?", V, 1), betrachtet sie aber auch als sein Kapital, seine Investition in die Zukunft („Das Mädel […] vergisst, schämt sich, dass sein Vater der Geiger ist, und verschlägt mir am End einen wackern ehrbaren Schwiegersohn, der sich so warm in meine Kundschaft hineingesetzt hätte.", I, 1). Diese Einstellung bleibt ihm bis zum Schluss, als Miller Luise nicht ohne Theatralik zwingt, sich seinem Willen zu unterwerfen („Hier ist ein Messer – durchstich dein Herz, und *indem er laut weinend fortstürzen will* das Vaterherz.", V, 1). Dabei ist es nicht zuletzt auch Luises Pflichtgefühl ihm gegenüber, das letztlich ihren Tod mitverschuldet.

**Wunsch auf sozialen Aufstieg**

Frau Miller, der bezeichnenderweise kein Name gegeben wurde, ist nur von untergeordneter Bedeutung. Charakteristisch sind ihre unbürgerlichen Verhaltensweisen („Kaffee" und „Tobakschnupfen", vgl. I, 1) sowie die Hoffnung, durch die Verbindung ihrer Tochter mit Ferdinand, an gesellschaftlichem Ansehen zu gewinnen. Hierfür wird sie zwar von Miller hinreichend getadelt, doch strebt Miller gleichermaßen nach Höherem. Als ihm Ferdinand am Ende zur eigenen Gewissensberuhigung eine größere Summe Geld überlässt, springt Miller nicht nur wie ein „Halbnarr in Höhe", sondern macht auch sofort Pläne, wie er dieses Geld für Luise anlegen will („und eine Haube soll sie tragen wie die Hofratstöchter, […] und von der Geigerstochter soll man reden auf vier Meilen weit –", V, 5).

**Auf einen Blick**

- Luise ist die Zentralfigur des Dramas, die sich im Konflikt befindet zwischen ihrer Liebe zu Ferdinand und der Einsicht, dass diese Liebe gesellschaftlich unmöglich ist.
- Ferdinand von Walter vertritt – ähnlich wie Luise – Ideale der bürgerlichen Aufklärung, verhält sich aber in seiner Liebe zu Luise egoistisch.
- Präsident von Walter steht für den Prototyp eines skrupellosen Machtpolitikers, der aber zugleich selbst ein Getriebener am Hofe ist.
- Wurm, Haussekretär des Präsidenten Walter, ist sowohl in der bürgerlichen Welt als auch in der Welt des Hofes zuhause, was es ihm erlaubt, die Intrige gegen Luise und Ferdinand so „satanisch" zu spinnen.
- Lady Milford genießt zwar als Geliebte des Fürsten eine herausragende Stellung am Hof, vertritt aber gleichwohl auch bürgerliche Werte.
- Vater Miller ist gegen die ihm gesellschaftlich unmöglich scheinende Beziehung Luises mit Ferdinand. Er betrachtet Luise als sein Kapital und setzt sie so unter Druck, dass Luise ihre Pflicht ihm gegenüber über ihre eigene Wünsche und Empfindungen setzt.

# 5 Die Sprache des Stücks

Wie häufig in literarischen Werken wird auch in „Kabale und Liebe" die Sprache als charakterisierendes Merkmal eingesetzt, einmal zur Kennzeichnung einzelner Charaktere, mehr noch aber zur Kennzeichnung unterschiedliche Stände.

**Drei Sprachstile**

So lassen sich deutlich drei Sprachstile unterscheiden, die die bürgerliche, die höfische und die Welt der Liebenden kennzeichnen. Hauptkennzeichen der (klein)bürgerlichen Sprache sind der eher reihend-parataktische Satzbau („Ein für allemal. Der Handel wird ernsthaft. Meine Tochter kommt mit dem Baron ins Geschrei. Mein Haus wird verrufen.", I,1), ein Wortschatz mit umgangssprachlichem bis derben Vokabular („Halt du dein Maul, sag ich –", „Dass dich alle Hagel!", I,2), eine insgesamt stärkere Ausrichtig am mündlichen Sprachgebrauch sowie die Durchmischung der Sprache mit unpassenden und/oder falschen Fremdwörtern („Ich sprech ja nur, man müss den Herrn Major nicht disguschtüren, weil Sie des Präsidenten Sohn sind.", I,1).

Umgekehrt ist die Sprache der höfischen Welt gekennzeichnet durch hypotaktische Satzstrukturen, gehobene Wortwahl sowie einen analytischen Ton (der sich im Schriftbild oft auch durch Kursivsatz zeigt), z. B.: „Wenigstens bewies der *Präsident* hier, dass der Vater nur ein *Anfänger* gegen Ihn ist. Wenn der Major Ihnen ebenso den *gehorsamen Sohn* zeigt, als Sie ihm den *zärtlichen Vater*, so dörfte Ihre Anforderung mit Protest zurückkommen." (I,5)

Die Sprache der Liebenden (neben Luise und Ferdinand gilt dies auch für Lady Milford) ist nicht nur sehr bildreich, sondern an vielen Stellen auch durch rhetorische Figuren gekennzeichnet (v. a. Emphasen, Steigerungen, Parallelismen, Inversionen und Antithesen), z. B.: „Ich will mich zwischen dich und das Schicksal werfen – empfangen für dich jede Wunde – auffassen für dich jeden Tropfen aus dem Becher der Freude – dir ihn bringen in der Schale der Liebe." (Ferdinand, I,4), oder: „Felsen und Abgründe will ich zwischen euch werfen; eine Furie will ich mitten durch euren Himmel gehen; mein Name soll eure Küsse wie ein Gespenst Verbrecher auseinander scheuchen" (Lady Milford, IV,7).

**Übertreibung als Mittel der Satire**

An einigen Stellen ist die Sprache dagegen bis ins Satirische überzeichnet, sodass das Stück auch komische Züge bekommt. Dies gilt insbesondere für die Figur des Hofmarschalls von Kalb („… wir kriechen durch den ganzen Redoutensaal, das Strumpfband zu suchen –", III,2) sowie für Vater Miller (etwa der polternde Auftritt in I,1 oder sein Gespräch mit dem Präsidenten in II,6).

**Charakterisierende Regieanweisungen**

Wie das letzte Zitat auch zeigt, ist die Bewertung der Sprache gelegentlich auch durch Regieanweisungen vorgegeben, wie überhaupt die Regieanweisungen oft sehr präzise und anschaulich sind. Dies gilt nicht nur für einzelne Beschreibungen („Miller *der bis jetzt furchtsam auf der Seite gestanden, tritt hervor in Bewegung, wechselweis für Wut mit den Zähnen knirschend, und für Angst damit klappernd*", II,6), sondern auch für die Gestaltung ganzer Szenen. So heißt es etwa in IV,7 von Luise: *„etwas empfindlich"*, *„groß, mit entschiedenem Ton"*, *„gelassen und edel"*, *„sehr ernsthaft"*, *„fein und scharf ihr in die Augen sehend"*, *„standhaft"* (während ihre Gesprächspartnerin Lady Milford wie folgt charakterisiert wird: *„geschraubt"*, *„in Entrüstung zurückfallend"*, *„errötend"*, *„in großer innerer Bewegung herumgehend"*, *„heftig bewegt sich in den Sofa werfend"*). Die Beispiele machen zugleich deutlich, dass auch der Körpersprache eine wichtige Rolle bei der Bewertung des Geschehens bzw. der Figuren im Geschehen zukommt.

Schließlich verwendet Schiller keine metrisch gebundene Sprache (z. B. Blankverse), sondern Prosa für die Figurenrede, was typisch ist für die Gattung des bürgerlichen Trauerspiels.

**Auf einen Blick**

- Unterschiedliche Sprachstile kennzeichnen die bürgerliche und die höfische Welt sowie die Welt der Liebenden; stellenweise stark rhetorisch geformte Sprache, häufige Verwendung von sprachlichen Bildern.
- Übertreibungen werden bewusst zur satirischen Überzeichnung (vor allem der Figuren von Kalb und Vater Miller) eingesetzt.
- Oft sehr genaue Regieanweisungen mit Beschreibungen sowie Hinweisen zur Sprechweise und/oder der Körpersprache.
- Figurenrede erfolgt in Prosa.

# 6 „Kabale und Liebe“ als bürgerliches Trauerspiel

**Merkmale des bürgerlichen Trauerspiels**

Kennzeichnend für das bürgerliche Trauerspiel, das während der Epoche der Aufklärung nach englischen Vorbildern in Deutschland populär wurde, ist zunächst die Verlagerung des Geschehens aus dem öffentlichen oder dem überhöhten Raum der Macht ins Private. Thematisiert werden Fragen der Ethik bzw. der Moral, die von Klassen oder Ständen losgelöst und somit allgemeinmenschlicher Natur sind, was in der Regel mit einem Bruch der so genannten Ständeklausel (nach der in der klassischen heroischen Tragödie nur hohe Standespersonen Opfer einer tragischen Verwicklung werden konnten) einhergeht. Das bürgerliche Trauerspiel hat einen eindeutig aufklärerischen Impetus, durch den eine neue Tugendlehre und Gefühlskultur propagiert werden soll. In Orientierung an Shakespeare wird auf die auf Aristoteles zurückgehende Einheit der Handlung, der Zeit und des Ortes verzichtet. Die dramatischen Konflikte entstehen vor allem durch die innere Haltung bzw. Überzeugung der Handelnden, nicht mehr durch Heldentaten.

Seit Lessings „Emilia Galotti“ (1772) erfährt, so auch in „Kabale und Liebe“, die Gattung eine zunehmende ständische Auslegung, d. h., es geht auch um die – häufig sozialkritisch motivierte – Gegenüberstellung der bürgerlichen Welt gegen die Welt des Hofes bzw. des Adels.

**Zeitkritik und die „Kammerdienerszene“**

Hatte Lessing die Handlung von „Emilia Galotti“ noch in eine italienische Residenzstadt und die Zeit ins späte 17. Jahrhundert verlegt, spielt „Kabale und Liebe“ „am Hof eines deutschen Fürsten“, wie es im Personenverzeichnis heißt. Und obwohl das Stück keine näheren Orts- oder Zeitangaben enthält, lässt sich unschwer der württembergische Kontext erkennen. Bezeichnend ist dabei, dass ein Fürst selbst nicht in Erscheinung tritt, sondern nur „Karikaturen“ von Hofbeamten, wodurch die Hofkritik noch an Schärfe gewinnt. Sehr deutlich wendet sich Schiller mit seinem Stück gegen die Verschwendungssucht am Hofe, das Mätressenwesen, die politische Unkultur der Intrige und die Willkürherrschaft. Zentrale Szene dieser Zeitkritik ist die so genannte Kammerdienerszene (II, 2), in der alle Kritikpunkte kulminieren: Der Herzog lässt Lady Milford (Mätressenwesen) wertvollen Schmuck zukommen (Verschwendungssucht), von dem sich bald herausstellt, dass er durch den Verkauf von „siebentausend Landeskindern nach Amerika“ finanziert wurde (Willkürherrschaft). Bedenkt man, dass Schillers Stück nur wenige Jahre vor der Französischen Revolution (1789) zur Aufführung kam, erkennt man die Brisanz der Szene, die mit deutlicher Schärfe Missstände benennt.

**Theater als „moralische Anstalt“**

Im Zentrum des Stücks steht gleichwohl die unpolitische Frage nach Tugend und Moral. Die Konfliktsituation des Stücks ist zwar durch den Standesunterschied zwischen den Liebenden vorgegeben, auch sind Ferdinand und vor allem Luise der Wertewelt ihres Standes verpflichtet, doch sind es letztlich Ferdinands individueller Absolutheitsanspruch und Luises individuelle Sprachnot, gepaart mit ihrem moralischen Bewusstsein, die erst zu Missverständnissen und schließlich zur Tragödie führen. Dadurch, dass Schiller den Ausgang der letzten Szene offen anlegt hat und die Perspektive wieder vom Privaten ins Öffentliche ausweitet, macht er in bester aufklärerischer Tendenz deutlich, dass das Theater auch eine „moralische Anstalt“ ist, „dessen Gerichtsbarkeit anfängt, wo das Gebiet der weltlichen Gesetze sich endigt“ (vgl. Musterklausur 3).

**Sturm und Drang**

Zugleich ist „Kabale und Liebe“ aber auch ein (spätes) Stück der Epoche des Sturm und Drang, was sich nicht nur in wesentlichen Motiven und Themen (Kritik am Absolutismus, Betonung der Individualität, Verabsolutierung der Freiheit – auch der Freiheit des Gefühls und der Leidenschaft), sondern auch in der Figur Ferdinands zeigt, der als (zumindest dem eigenen Anspruch nach) genialer Einzelkämpfer vor allem auf sein Herz hört und die überlieferte Ordnung überwinden will.

**Auf einen Blick**

- Charakteristisch für das bürgerliche Trauerspiel sind: Bruch mit der Ständeklausel, Verlagerung des Geschehens ins Private, moralisch-aufklärerische Belehrung als Aufgabe des Theaters.
- „Kabale und Liebe“ bricht aber insofern mit der Formtradition der Gattung, als sich die Perspektive am Ende wieder vom Privaten ins Öffentliche ausweitet.
- „Kabale und Liebe“ enthält zentrale Motive der Epoche des Sturm und Drang. Das Stück ist aber auch vor dem übergeordneten Kontext der Epoche der Aufklärung aus zu sehen und zu verstehen.

# 7 Themen und Interpretationsansätze

Mit der Beurteilung des Stückes vor dem Hintergrund der Gattung sind zugleich Fragen nach den behandelten Themen und möglichen Interpretationsansätzen verbunden. Lange wurden in der Bewertung des Stücks durch die Literaturwissenschaft vor allem die der Gattung bürgerliches Trauerspiel immanenten Gesichtspunkte hervorgehoben, nämlich die Interpretation des Stücks als (frühes) zeitkritisches Sozialdrama sowie die Interpretation des Stücks als Liebesdrama.
In jüngerer Zeit wurde „Kabale und Liebe" dann oft auch religiös (bzw. metaphysisch) gedeutet, was wichtige Aspekte des Trauerspiels weiter erhellt, denn kaum zufällig dürften Luises erste Worte (nach der Begrüßung ihres Vaters) in Szene I, 3 (in der Luise erstmals auftritt) von Schiller so gesetzt worden sein: „O ich bin eine schwere Sünderin, Vater", was sie kurz darauf ausführlicher erläutert: „Ich habe keine Andacht mehr, Vater – der Himmel und Ferdinand reißen an meiner blutenden Seele [...] Wenn meine Freude über sein Meisterstück mich ihn selbst übersehen macht, Vater, muss das Gott nicht ergötzen?" – Eine Frage, die vom Vater nicht beantwortet, sondern – für die Zuschauer bzw. Leser vielsagend – nur wie folgt kommentiert wird: „Da haben wirs! Das ist die Frucht von dem gottlosen Lesen."

### Religiöse Deutung

In der religiösen Deutung des Stücks wird nun darauf aufmerksam gemacht, dass Luise und Ferdinand unterschiedliche Gottesbegriffe haben bzw. dass Luise auf einen bestimmten Gottesbegriff (eine bestimmte Religiosität) verpflichtet wird. Noch in Szene I, 3 nennt Luise Gott den „Vater den Liebenden", doch sie weiß auch, dass die Zeit dieses Gottes erst kommt, wenn die „Schranken des Unterschieds" verschwunden sind. Ferdinand dagegen sieht seine Liebe als göttlich an („soll der Himmel [...] mit Verwunderung eingestehn, dass nur die Liebe die letzte Hand an die Seelen legte –", I, 4), was Luise so erschreckt, dass sie Ferdinand von sich drückt.

**Luises Verpflichtung auf einen traditionellen Gottesbegriff**

Luise fühlt sich nun einerseits bedroht durch Ferdinands Absolutheitsanspruch (der überdies keinen Raum für ein Verständnis von Luises Zerrissenheit lässt), andererseits wird sie durch den Vater genötigt, auf Ferdinand, ja überhaupt auf ihre eigenen Bedürfnisse zu verzichten. Ihre Vorstellung vom „Vater den Liebenden" („Ich sah keine Welt mehr, und doch besinn ich mich, dass sie niemals so schön war. Ich wusste von keinem Gott mehr, und doch hatt ich ihn nie so geliebt.", I, 3) tut der Vater letztlich als teuflischen Frevel ab: „Und wenn dieser zerbrechliche Gott deines Gehirns, jetzt Wurm wie du, zu den Füßen deines Richters sich windet, deine gottlose Zuversicht in diesem Augenblick Lügen straft [...] Wie dann?" (V, 1) Und mit noch größerem Pathos fügt er hinzu: „Jetzt weiß ich nichts mehr – *mit aufgehobener Rechte* stehe dir, Gott Richter! für diese Seele nicht mehr" (ebd.) Dieser Richtergott, durch den Vater Miller Luise letztlich erfolgreich auf eine strenge, traditionelle, „kleinbürgerliche" Religiosität festlegt („Luise: Bei Gott! Bei dem fürchterlich wahren! Ja!", V, 2), wird aber gegen Ende des Stücks auch mehrfach von Ferdinand (vgl. etwa IV, 4, aber auch V, 8: „Aber ich hab einen Mord begangen [...], den du mir nicht zumuten wirst, *allein* vor den Richter der Welt hinzuschleppen"), ja sogar vom Präsidenten angerufen („Von mir nicht, von mir nicht, Richter der Welt", ebd.).
So gesehen erweist sich zwar, dass Gottesvorstellungen bzw. Religiosität standesgebunden sind, gleichwohl mündet paradoxerweise alle Kabale und Liebe der drei Hauptfiguren letztlich in der gemeinsamen Anerkennung eines alttestamentarischen Richtergottes, der aber zumindest von Luise („Sterbend vergab mein Erlöser – Heil über dich und ihn. (*Sie stirbt.*)", V, 7) und Ferdinand („Gott dem Erbarmenden gehört dieser letzte [Blick]", V, 8) am Ende nicht ausschließlich als strafender Gott verstanden wird.

### Weitere Themen

Wie viele bedeutende literarische Werke eröffnet auch „Kabale und Liebe" unterschiedliche Zugänge, die sich nicht zuletzt aus der aktuellen Lebenssituation der Zuschauer bzw. Leser heraus als bedeutsam erweisen. Dies sei an zwei Beispielen angedeutet:

**Eltern-Kind-Konflikt**

Das Trauerspiel ist so etwa auch ein Stück über das Verhältnis und die (zeitlosen) Konflikte zwischen Vater und Sohn bzw. allgemein zwischen Eltern und ihren Kindern. Wenn Vater Walter seinen Sohn fragt: „Höre. Sage mir, Ferdinand. Wem tat ich dies alles?" (I, 7), so formuliert er damit einen

Anspruch, den viele andere Väter bzw. Eltern vor und nach ihm so oder so ähnlich gegenüber ihren Kindern formuliert haben, die sich etwa dann wie Ferdinand für eine Rebellion gegen die Eltern (bzw. in Ferdinands Fall gegen den Vater) oder etwa wie Luise für den Gehorsam entscheiden können. Wer sich also in einer solchen Auseinandersetzung mit den eigenen Eltern befindet oder befunden hat, wird „Kabale und Liebe" auch mit anderen Augen sehen.

**Rollenkonflikte**

Vergleichbares gilt für das Spannungsverhältnis zwischen den eigenen Wünschen und Bedürfnissen und der bzw. den sozialen Rolle(n), die man als Individuum innerhalb einer Gesellschaft zugleich auch auszufüllen hat. Auch wenn sich die Konflikte bei den wenigsten so deutlich zeigen wie bei Luise, sind die Kernfragen doch bei vielen (gerade unter Jugendlichen) dieselben: Was erträume ich mir von meinem Leben? Welche Werte möchte ich vertreten? Was möchte ich tun? – Dass die Antworten auch von der sozialen Herkunft, dem bisherigen Lebens- und/oder Ausbildungsweg oder vielleicht auch vom Geschlecht abhängen, ist zwar einleuchtend, aber eben auch nicht immer leicht zu akzeptieren. Immerhin zeigt „Kabale und Liebe" hier nicht nur das Scheitern innerhalb dieses Spannungsverhältnisses (wie bei Luise und letztlich auch Ferdinand), sondern auch durch Lady Milford, dass ein selbstbestimmter Weg möglich ist. Als sie ihre Rolle als Mätresse nicht mehr ausfüllen will, bricht sie mit dieser Rolle („Lady Milford ist nicht mehr"; IV, 9) und beginnt ein neues Leben als Johanna von Norfolk.

**Auf einen Blick**

- Drei Hauptinterpretationsansätze: „Kabale und Liebe" als Sozialdrama, als Liebestragödie, als religiöses Drama.
- Religiöse Deutung des Stücks geht davon aus, dass die Liebe von Luise und Ferdinand in einem unterschiedlichen und standesabhängigen Religions- bzw. Gottesverständnis begründet ist. Die Tragik des Geschehens zeigt sich letztlich darin, dass sich die Hauptfiguren einem alttestamentarischen Richtergott unterwerfen.
- „Kabale und Liebe" als vielschichtiges Stück, das zahlreiche weitere thematische Aspekte (z. B. Generationen-Konflikt, Lebenswünsche vs. -realitäten) enthält.

## Figurengestaltung im Drama

Dramenfiguren können unterschiedlich komplex gestaltet werden. Hauptfiguren sind in der Regel als komplexe **Charaktere** entworfen, die mit individuellen Eigenschaften und Merkmalen ausgestattet sind. Charaktere haben ein unverwechselbares Schicksal, bestimmen den Gang der Handlung entscheidend mit, sprechen eine eigene Sprache, zeigen individuelle Eigenschaften.
Viele Nebenfiguren dagegen sind nicht wegen ihres Charakters wichtig, sondern für den Fortgang der Handlung nötig. Häufig sind diese Figuren auf einen Charakteraspekt reduziert – man spricht dann von **Typen**.

## Figurenkonzeption

Der Gestaltung einer Dramenfigur liegt eine bestimmte Figurenkonzeption des Autors zugrunde.

- Ist die Figur statisch oder dynamisch angelegt? Macht sie eine Entwicklung durch?
- Handelt es sich um eine komplex angelegte Figur, oder um eine eher eindimensionale Figur? Handelt es sich um einen Charakter oder um einen Typus?
- Handelt es sich um eine offen oder um eine geschlossen angelegte Person, d.h. wird die Figur in ihren Handlungsweisen nachvollziehbar, oder bleiben Handeln und Verhalten rätselhaft?



## Figurenkonstellation

Die Beziehungen der Personen in einem Drama können sehr unterschiedlich gestaltet sein. Besonders häufig ist die Beziehung Held (Protagonist) und Gegenspieler (Antagonist). Beide treiben durch ihr Handeln das Geschehen voran. Auch Dreieckskonstellationen sind häufig anzutreffen.

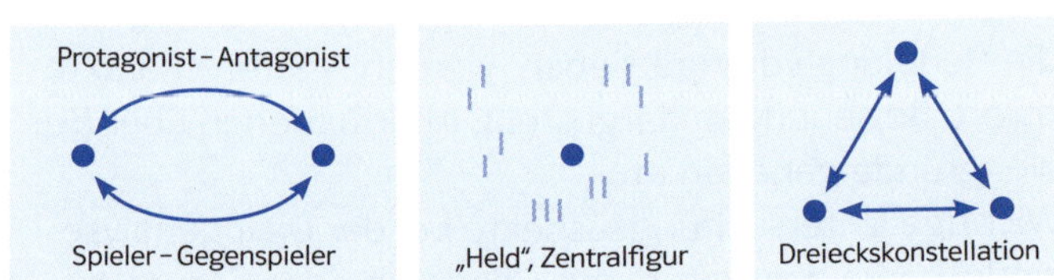


## Charakterisierung der Figuren

Figuren werden direkt charakterisiert durch
- äußere Merkmale (Aussehen, Kleidung)
- innere Merkmale (Eigenschaften, Einstellungen)
- sozialen Stand
- Regieanweisungen
- durch Äußerungen anderer Figuren
- durch eigene Äußerungen zur Person

Figuren werden indirekt charakterisiert durch
- ihre Sprache und Sprechweise
- ihre Handlungsweise
- den Vergleich mit Kontrastfiguren



## Arbeitsschritte Interpretationsaufsatz

**1. Arbeitsschritt:**
Erstes Textverständnis/
Verstehenshypothese formulieren

↓

**2. Arbeitsschritt:**
Text aspektorientiert untersuchen

↓

**3. Arbeitsschritt:**
Deutungsthese formulieren

↓

**4. Arbeitsschritt:**
Gliederung erstellen

↓

**5. Arbeitsschritt:**
Klausur schreiben

↓

**6. Arbeitsschritt:**
Klausur überarbeiten



# Spickzettel

zum Klausurtraining „Kabale und Liebe"

## Prüfungsanforderungen

## „Kabale und Liebe" – Wichtiges in aller Kürze

## Analyse dramatischer Texte

- Erschließungsaspekte Drama
- Fachbegriffe Drama
- Arbeitsschritte Interpretationsaufsatz

# Prüfungsanforderungen

## Anforderungsbereiche

Die von Ihnen erwarteten Leistungen bei der Lösung einer Prüfungsaufgabe/einer Aufgabenstellung sind in der Regel drei Anforderungsbereichen (AFB) zugeordnet.

### Anforderungsbereich I (AFB I): Reproduktion

- Den Inhalt eines eher einfachen Textes oder fachlichen Sachverhalts eigenständig wiedergeben
- Textart, Aufbau und Strukturelemente eines Textes unter Verwendung fachspezifischer Begriffe (Fachbegriffe, Fachterminologie) erkennen und bestimmen
- Fachspezifische Kenntnisse und Methoden in die Darstellung einbringen
- Teilergebnisse sinnvoll ordnen und verknüpfen
- Ergebnisse sprachlich angemessen formulieren
- Richtig zitieren

### Anforderungsbereich II (AFB II): Reorganisation und Transfer

- Den Inhalt eines schwierigen Textes oder Sachverhalts eigenständig zusammenfassen
- Die Struktur eines Textes erfassen
- Die Argumentation eines Textes beschreiben



| Geschlossenes Drama | Offenes Drama |
|---|---|
| – Einsträngige Haupthandlung, die auf ein Ziel hinführt. Nebenhandlungen sind auf die Haupthandlung bezogen. Kausale und überzeugende Schrittigkeit der Handlung. | – oft mehrere gleichgewichtige Handlungsstränge, lockere Struktur der Einzelszenen, Zusammenhang wird über Figuren oder Leitmotive geschaffen |
| – mündige, selbst bestimmte Figuren, die das Geschehen durch ihr Handeln bestimmen | – Antihelden, die von ihrem sozialen Umfeld bestimmt werden, wenig Gestaltungsspielraum |
| – wenige Personen, unterteilt nach Haupt- und Nebenfiguren, übersichtliche Figurenkonstellation. Oft Held und Gegenspieler oder auch Dreieckskonstellation | – Vielzahl von Figuren, die oft den unterschiedlichsten sozialen Schichten entstammen. Keine eindeutige Figurenkonstellation |
| – eindeutiger Anfang, markiert durch das Eintreten einer Konfliktsituation, eindeutige Lösung am Schluss, Klären der Vorgeschichte in einer Exposition | – unvermittelter Beginn, Vorgeschichte wird nicht geliefert, offener Schluss |
| – Kunstsprache, meist Verssprache, jedoch individuelle Charakterisierung der Figuren durch die Sprache möglich | – realistische Alltagssprache, oft mangelnde Artikulationsfähigkeit, bis hin zur Sprachlosigkeit |
| – Handlung spielt innerhalb eines kurzen Zeitraums | – Handlung umspannt längeren Zeitraum, oft Jahre |
| – wenige Schauplätze | – häufig viele Handlungsorte, die weit voneinander entfernt sein können |
| – Bühnenwelt als idealisiertes Bild der Wirklichkeit | – Bühnenwelt als Abbild der Wirklichkeit, die in ihrer Komplexität kaum zu erfassen ist |



# Fachbegriffe Drama

### Drama

Ein **Drama** ist die Darstellung eines konfliktbestimmten Geschehens durch handelnde und sprechende Figuren auf einer Bühne. Diese Gattung ist also durch die Kombination von Text (den man auch nur lesen kann) und szenischer Aufführung von den anderen Gattungen unterschieden. Während bei Prosatexten der Erzähler als Vermittler zwischen der dargestellten fiktiven Welt und dem Leser fungiert, gibt es beim Drama eine solche Vermittlungsinstanz nicht. Lediglich im sogenannten Nebentext (Titel, Personenverzeichnis, Regieanweisungen) kommt der Autor unmittelbar zu Wort.

Da Dramen meist eine vielschichtige Handlung zeigen, wird diese untergliedert. Üblicherweise teilen die Autoren ihre Dramen deshalb in Akte, Szenen oder Bilder ein.

**Akt:** Ein in sich abgeschlossener, größerer Handlungsabschnitt, der seit dem 17. Jahrhundert durch das Zu- und Aufziehen des Vorhangs markiert wird.
**Szene**: Im mehraktigen Drama Untereinheit des Aktes, die durch das Auf- bzw. Abtreten von Personen markiert wird. Szenen werden deshalb auch Auftritte genannt.
**Bild:** Das moderne Drama kennt häufig keine Gliederung in Akte, sondern reiht Bilder aneinander.



### Figurenrede im Drama

Der Figurenrede kommt bei der Darstellung der Handlung entscheidende Bedeutung bei – durch sie wird die fiktive Welt auf die Bühne gebracht.
Man unterscheidet zwischen **Dialog** (Gespräch zwischen zwei oder mehreren Personen) und **Monolog** (Selbstgespräch einer Figur). Im Drama bestimmt der Dialog den Aufbau und den Fortgang der Handlung. Im **Dialog** wird die Handlung vorangetrieben, werden Figuren charakterisiert, Beziehungen dargestellt, Informationen über Beweggründe gegeben etc.
Wichtige Untersuchungsaspekte bei der Dialoganalyse sind: Thema des Gesprächs, Gliederung des Gesprächs, Gesprächsverhalten der Figuren (Intentionen, Strategien), Gesprächsergebnis.

**Monolog** heißt die Rede *einer* Figur im Drama. Oft nimmt der Monolog die Form eines Selbstgesprächs an, in dem die Figur sich zu einer Entscheidung durchringt. Er kann aber auch eine Wendung zum Publikum hin haben und der Illusionsdurchbrechung dienen.

**Beiseitesprechen:** Eine Figur spricht zur Seite, die Information ist nur für die Zuschauer bestimmt und wird von den anderen Bühnenfiguren nicht gehört.

**Untertext** nennt man Gedanken, die eine Figur in bestimmten Momenten haben könnte, aber nicht ausspricht.

## Die drei Einheiten des Aristoteles

Jahrhundertelang hatte die auf die Poetik des Griechen Aristoteles zurückgehende Vorstellung der sogenannten drei Einheiten die Gestaltung von Dramen beeinflusst:

- Einheit des Ortes (weitgehende Vermeidung von Ortsveränderungen)
- Einheit der Zeit (weitgehende Vermeidung von Zeitsprüngen)
- Einheit der Handlung (Reduzierung von Nebenhandlungen)

Diese Regeln wurden von den französischen klassizistischen Dramatikern eingehalten, und auch die deutschen Dramen der Aufklärung und der Klassik folgen diesen Vorgaben nach Möglichkeit. Jedoch bereits das Drama des Sturm und Drang setzte sich über dieses enge Regelwerk weg und nahm sich den englischen Dramatiker Shakespeare zum Vorbild. Das moderne Drama kennt den strengen fünfaktigen Aufbau und die Einheitsregeln nicht, denn sein wesentliches Merkmal ist die locker-episodische Reihung von Bildern und Szenen. Der Germanist Volker Klotz hat für die Unterscheidung von traditionellem und modernem Drama das Gegensatzpaar geschlossenes vs. offenes Drama eingeführt.



- Wortschatz, Satzbau und poetische Mittel eines Textes auf ihre Funktion und Wirkung hin untersuchen
- Aus dem Unterricht bekannte gestalterische Verfahren funktionsgerecht verwenden
- Aus dem Unterricht bekannte Untersuchungsmethoden auf vergleichbare neue Gegenstände anwenden
- Für eine literarische Epoche charakteristische Erscheinungen in einem Text aufzeigen

**Anforderungsbereich III (AFB III): Reflexion und Problemlösung**

- Intentionen und Wirkungsmöglichkeiten eines Textes ermitteln und beurteilen
- Die in einem Text vertretene Position in umfassendere theoretische Zusammenhänge einordnen
- Aus den Ergebnissen einer Textanalyse Schlüsse ziehen
- Bei gestalterischen Aufgaben selbständige und zugleich textangemessene Lösungen erarbeiten
- Die eigene Gestaltung reflektieren, erläutern und begründen
- Fachspezifische Sachverhalte begründet werten und einen Standpunkt argumentativ vertreten
- Hypothesen aufstellen und überprüfen
- Eine eigene Konzeption für die Bearbeitung einer komplexen Aufgabe entwickeln



# Erschließungsaspekte Drama

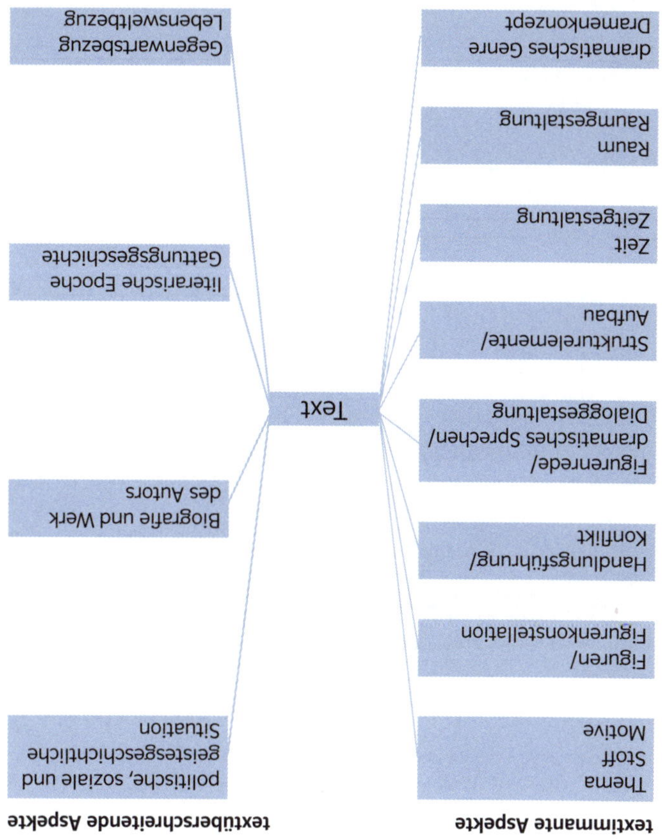




**Sprache im Drama**

Im klassischen Drama wird meist eine Kunstsprache verwendet, d.h. alle Personen sprechen auf der gleichen hohen Ebene und in Versform. In Aufklärung und Klassik war der Blankvers die meist verwendete Versform im Drama.
Der Blankvers ist ein ungereimter fünfhebiger Jambus. Er ermöglicht häufige Enjambements und steht der Prosa nahe.

Dialoge in historischen Dramen sind gekennzeichnet durch

- eine klare thematische Entfaltung
- die Hinführung auf ein Ereignis
- die Verzahnung der Äußerungen (Rede und Gegenrede)
- die Verdeutlichung von Handlungen und Gefühlen.

Im modernen Drama nähert sich die Sprache der Alltags- und Umgangssprache, die Figurenrede ist nicht mehr metrisch gebunden.
Kommunikationsschwierigkeiten sind häufig anzutreffen: Die Figuren gehen nur mehr oder weniger aufeinander ein, monologisieren oder reden aneinander vorbei.

Spickzettel

zum Klausurtraining „Kabale und Liebe"

# „Kabale und Liebe" – Wichtiges in aller Kürze

**Formen des Dramas (Genres)**

Die **Tragödie** ist neben der Komödie die zweite Hauptform des Dramas. Sie gestaltet einen tragischen Konflikt. Meist sind es Personen von hohem Stande, die ein über sie verhängtes Schicksal zu bewältigen haben oder an der sittlichen Weltordnung scheitern. Die Tragödie endet in der Katastrophe, d.h. dem Untergang des Helden, der entweder stirbt oder ins Elend gerät. Nach der antiken Poetik des Aristoteles hat die Tragödie eine kathartische (= reinigende Wirkung) auf den Zuschauer, der mit dem Protagonisten mitleidet. Über Mitleid und Furcht soll er nach Lessing in diesen beiden Gefühlen „gereinigt" werden. Er soll lernen, mit demjenigen Mitleid zu haben, der es verdient, und sich vor den Dingen zu fürchten, die er selbst auch fürchten muss.
Die **Komödie** spielt bis ins 18. Jahrhundert meistens unter Personen niederen Standes. Lessing macht dieser Ständeklausel („Minna von Barnhelm") ein Ende. Sie entlarvt die Unzulänglichkeiten und Schwächen des Menschen und des menschlichen Lebens. Häufige Themen sind das Missverhältnis von Schein und Sein. Erheiternde Wirkung wird meist durch Sprach- und Situationskomik erzeugt.
Die **Tragikomödie**, die erstmals im Sturm und Drang entwickelt wurde, verbindet Tragik und Komik unauflöslich miteinander zur gegenseitigen Erhellung. Komische Momente verstärken die Wirkung der tragischen Zusammenhänge.



Spickzettel

zum Klausurtraining „Kabale und Liebe"

# Analyse dramatischer Texte

- Erschließungsaspekte Drama
- Fachbegriffe Drama
- Arbeitsschritte Interpretationsaufsatz

**Handlungsaufbau / Aufbau des Dramas**

Das sogenannte aristotelische Drama ist meist in fünf Akte eingeteilt. Jeder Akt erfüllt eine bestimmte Funktion im Handlungsaufbau

Der 1. Akt dient der **Exposition**. Sie macht den Zuschauer mit der Vorgeschichte bekannt, führt die Figuren ein und präsentiert die Verhältnisse, aus denen der dramatische Konflikt sich entwickelt.

Im 2. Akt entwickelt sich der Konflikt **(= steigende Handlung)**.

Im 3. Akt wird der Konflikt auf den **Höhepunkt** geführt und voll entfaltet. Oft ist der Höhepunkt zugleich auch **Wendepunkt (= Peripetie)** des Geschehens, d.h. die Handlung nimmt eine unvorgesehene Wendung.

Im 4. Akt führt die Handlung **(= fallende Handlung)** dann scheinbar zum unvermeidlichen Schluss hin, wird aber meist durch ein sogenanntes **retardierendes Moment** aufgehalten. Das verzögernde Moment bringt noch einmal Spannung in den Handlungsablauf.

Im 5. Akt wird die dramatische Handlung dann abgeschlossen. In der Tragödie meist mit der **Katastrophe**, in der Komödie mit Auflösung aller Verwicklungen und einem **glücklichen Ende**.

## Zeitgestaltung im Drama

Der Dramatiker muss seine Handlung zeitlich genau konzipieren und verschiedene Entscheidungen treffen.

| | |
|---|---|
| **Eingrenzung** | Wann soll die Darstellung der Handlung beginnen, wann ein Ende finden? |
| **Dauer** | In welchem Verhältnis stehen Spielzeit (gespielte Zeit auf der Bühne) und gespielte Zeit (Dauer der Handlung)? |
| **Abfolge** | Werden die Ereignisse in chronologischer Abfolge dargeboten oder nicht?<br>Wird Zeit gerafft, gedehnt und gibt es Zeitsprünge? |
| **Ausschnitte** | Welche Ausschnitte aus der fiktiven Handlung werden dem Zuschauer dargeboten, damit in der Vorstellung des Zuschauers ein Bild der Handlung entsteht? |



## „Kabale und Liebe" – in aller Kürze

Im Jahre 1782 beginnt Friedrich Schiller die Arbeit an „Louise Millerin", das später auf Vorschlag von August Wilhelm Iffland den zugkräftigeren Titel, „Kabale und Liebe" erhalten hat. Die Uraufführung von „Kabale und Liebe" fand am 13.4.1784 durch die Großmann'sche Schauspielergesellschaft in Frankfurt und zwei Tage später, am 15.4.1784, am Mannheimer Theater statt, wo das Stück durch das Premierenpublikum begeistert aufgenommen wurde. „Kabale und Liebe" enthält zentrale Motive und Gestaltungselemente der Epoche des Sturm und Drang und ist damit zugleich auch vor dem übergeordneten Kontext der Epoche der Aufklärung aus zu sehen und zu verstehen. Das Stück gehört zum Genre des bürgerlichen Trauerspiels, das mit der Ständeklausel bricht, das Geschehen ins Private verlagert und die moralisch-aufklärerische Belehrung als Aufgabe des Theaters sieht. Indem „Kabale und Liebe" die Bühne zur „moralischen Anstalt" macht, bricht es aber auch mit der Formtradition der Gattung, indem sich die Perspektive am Ende wieder vom Privaten ins Öffentliche ausweitet.

### Inhalt des Stücks

Das bürgerliche Mädchen Luise und der Adelige Ferdinand, der Sohn des (Minister-)Präsidenten eines kleinen Fürstentums, sind ineinander verliebt, obschon Luise von Anfang um die gesellschaftliche Unmöglichkeit einer Ver-





sprachlichen Bildern). Übertreibungen werden bewusst zur satirischen Überzeichnung (vor allem der Figuren von Kalb und Vater Miller) eingesetzt. Auffällig sind darüber hinaus die oft sehr genauen Regieanweisungen mit Beschreibungen sowie Hinweisen zur Sprechweise oder der Körpersprache. Schließlich verwendet Schiller keine metrisch gebundene Sprache, sondern Prosa für die Figurenrede, was typisch ist für die Gattung des bürgerlichen Trauerspiels.

### Interpretationsansätze

Lange wurden in der Bewertung des Stücks vor allem die der Gattung bürgerliches Trauerspiel immanenten Gesichtspunkte hervorgehoben, nämlich die Interpretation des Stücks als (frühes) zeitkritisches Sozialdrama sowie die Interpretation des Stücks als Liebesdrama. In jüngerer Zeit wurde „Kabale und Liebe" dann oft auch religiös (bzw. metaphysisch) gedeutet. Die religiöse Deutung des Stücks geht davon aus, dass die Liebe von Luise und Ferdinand in einem unterschiedlichen und standesabhängigen Religions- bzw. Gottesverständnis begründet ist. Die Tragik des Geschehens zeige sich letztlich darin, dass sich die Hauptfiguren am Ende einem alttestamentarischen Richtergott unterwerfen müssen.



Dieser Handlungsaufbau des traditionellen Dramas wird häufig in Form einer Pyramide wiedergegeben, die 1863 von Gustav Freytag entwickelt wurde.

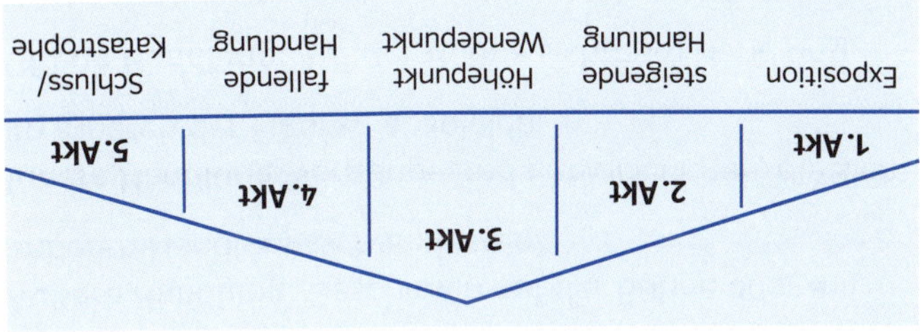


### Konflikt

Das Aufeinandertreffen von Personen mit gegensätzlichen Auffassungen oder Absichten führt zur Parteienbildung und zum Konflikt. In traditionellen Dramen eröffnet und bestimmt der Konflikt den Verlauf der Handlung (über einen Höhe- und Wendepunkt zur Lösung). Konfliktlösungsmuster führen zur Bildung dramatischer Genres: In der **Tragödie** endet der Konflikt meist mit der **Katastrophe**, in der **Komödie** mit Auflösung aller Verwicklungen und einem **glücklichen Ende**.

bindung weiß. Als Präsident Walter von der Liebe seines Sohnes erfährt, spinnt er mit seinem Sekretär Wurm eine Intrige, um Ferdinand mit Lady Milford zu verheiraten. Wurm erklärt Luise, dass ihre Eltern verhaftet seien und hingerichtet würden, wenn sie dies nicht durch einen von ihm diktierten Liebesbrief an den Hofmarschall von Kalb verhindert. Luise muss außerdem beeiden, dass sie diesen Brief in jedem Fall als freiwillig geschrieben ausgeben wird. Ferdinand bekommt den Brief zu lesen und ist verletzt. In seiner Wut will er sich an Luise rächen. Luise selbst will sich durch Selbsttötung vom Eid befreien, um Ferdinand sterbend die Wahrheit sagen zu können, doch verhindert der Vater dies, indem er den Selbstmord als Treuebruch ihm gegenüber darstellt. So muss Luise auf Ferdinands Vorhaltungen schweigen. Erst durch die Tat Ferdinands, der Luise und sich selbst vergiftet, sieht sie sich vom erpressten Eid befreit. Sterbend vergibt sie Ferdinand, der wiederum noch vor seinem Tode seinem Vater verzeiht, bevor der sich der Gerichtsbarkeit stellt.

**Die zentralen Figuren**

Luise als Zentralfigur des Dramas befindet sich im Konflikt zwischen ihrer Liebe zu Ferdinand und der Einsicht, dass diese Liebe gesellschaftlich unmöglich ist. Ähnlich wie Luise vertritt Ferdinand von Walter Ideale der bürgerlichen Aufklärung, verhält sich aber in seiner Liebe zu Luise zu egoistisch, als dass er ihren inneren Konflikt



auch nur bemerken würde. Vater Miller ist wie Präsident von Walter gegen die ihnen gesellschaftlich unmöglich scheinende Beziehung Luises mit Ferdinand. Vater Miller betrachtet Luise als sein (soziales) „Kapital“ (eine gute Heirat ihrerseits muss seine Zeit im Alter absichern) und setzt sie so unter Druck, dass Luise ihre Pflicht ihm gegenüber über ihre eigene Wünsche und Empfindungen setzt.
Präsident von Walter wird als Prototyp eines skrupellosen Machtpolitikers geschildert, der aber zugleich selbst ein Getriebener am Hofe ist und in mehrfacher Hinsicht von anderen abhängig (ihnen ausgeliefert) ist. Sein Haussekretär, Wurm, ist sowohl in der bürgerlichen Welt als auch in der Welt des Hofes zuhause, was es ihm erlaubt, die Intrige gegen Luise und Ferdinand so „satanisch“ zu spinnen.
Lady Milford schließlich genießt zwar als Geliebte des Fürsten eine herausragende Stellung am Hof, vertritt aber gleichwohl auch bürgerliche Werte. Da sie Ferdinand liebt, versucht sie zunächst, Luise einzuschüchtern, besinnt sich dann aber.

**Sprache**

Unterschiedliche Sprachstile kennzeichnen die bürgerliche und die höfische Welt sowie die Welt der Liebenden (vor allem hier finden sich stellenweise stark rhetorisch geformte Sprache und eine häufige Verwendung von



**Handlung**

Es wird zwischen verschiedenen Arten von Handlung unterschieden.

**Äußere Handlung:** Geschehen auf der Bühne oder auf anderen Handlungsschauplätzen.

**Innere Handlung:** Vorgänge und Entwicklungen, die sich im Inneren der Figuren abspielen.

**Offene Handlung:** Auf der Bühne sichtbare Handlung.

**Verdeckte Handlung:** Geschehen, das auf der Bühne nicht sichtbar ist und dem Zuschauer durch Figurenrede (entweder im Dialog oder im Monolog) vermittelt wird. Auch Botenbericht oder Mauerschau sind Möglichkeiten, für den Zuschauer nicht sichtbare Handlung wiederzugeben.

Wie sich in Prosatexten Erzählschritte festhalten lassen, kann man in Schauspielen **Handlungsschritte** feststellen. Häufig fallen Handlungsschritte und Szenen zusammen.

Das **Handlungstempo** kann in den verschiedenen Dramen erheblich variieren. In den klassischen Dramen agieren die Figuren meist zielgerichtet und führen rasche Handlungsänderungen herbei, während in modernen Dramen die Handlung oft sehr langsam bis gar nicht in Gang kommen kann.



**Raumgestaltung im Drama**

Der Dramatiker kann den **Schauplatz** oder **„Raum“** der Handlung gestalten, je nachdem, welche Bedeutung und Funktion er haben soll. Man kann Grundfunktionen der Schauplatzgestaltung unterscheiden:

| | |
|---|---|
| **Handlungsraum** | Der Raum, in dem die Handlung abläuft. |
| **Sozialer Raum (Milieu)** | Die soziale Umwelt als Ausdruck des gesellschaftlichen Lebensstils einer Figur.<br>Die soziale Umwelt in ihrer Funktion als kausaldeterminierendes Milieu, das die Figur in ihrem Denken, Fühlen, Sprechen, Handeln prägt. |
| **Stimmungsraum** | Der Raum, der die Stimmung der Figuren veranschaulicht und unterstreicht oder die Grundstimmung einer Szene zum Ausdruck bringt. |
| **Symbolraum** | Die Verdichtung der gesamten Thematik in anschaulichen, bedeutsamen Bildern (Symbolen) mit Verweisfunktion. |